D1529650

多國料理　品味均佳　慈悲心一致

風味各異　中外咸宜　生活真有趣

多國風味

法界食譜 5

繽紛國宴

慈母家常

放生就是放我

因為我和眾生是一體的，眾生就是我，我就是眾生。

為什麼要放生呢？放生，就是令眾生得到自由，不在籠子裏圈著。我們要讓慈悲心長大起來，所以我們要把眾生放開，讓牠們得到自由。不殺生，這是修慈悲心；放生，這也是修慈悲心。這就是要慈悲心一天比一天大起來，大得像觀音菩薩大慈大悲的心那麼大；觀音菩薩就是放生、不殺生，所以有大慈大悲的心。我們想學觀音菩薩這大慈大悲的心，就要放生。

4　以上是按照現在邏輯學來講，你放生就會增加你的慈悲心。又者，放生也就

是放我，為什麼？因為我和眾生是一體的，眾生就是我，我就是眾生。好像自己被人圈到籠子裏，你說是不是很不舒服呢？沒有自由了，這自己不高興的，希望被人放開；就如被人圈到監獄裏頭去，不願意在那裏頭住。那麼我自己不願意被圈到監獄裏頭去，我也不願意眾生在籠子裏，因為我和眾生彼此有一種同體的感覺，所以要放生。

又有一種講法，這個眾生不知道在前生和我有什麼關係，或者是我的父親、母親也不一定，或者是我的兄弟、姊妹也不一定，或者是我的子女也不一定，或者是我的朋友也不一定。那麼，我現在沒有得到天眼通，沒有證得宿命通，不知道這種前因後果的關係，但是我現在看見這個畜牲沒有得到自由，心裡就很不安樂，所以要放生。

放生，也就是修行的一部份。修行，不是一條路修成功的，八萬四千法門，門門都是成無上道的一條道路，所以放生也是其中之一。方才我說：「我們自己被人關到籠子裡，關到監獄裡頭，自己不願意的。」方才說的是比喻，那麼現在我給你們說一個真實的法，老老實實地告訴你們，這不是一個比喻，這是個真的──你自己的身體就是一個籠子，你在身體裡頭始終都跑不出去！你想要得到你自己的放生，就先要修這個放生；你不修這個放生，就得不到那個放生：這是生生不

已，化化無窮的道理。你不要把放生看得小了，你這裡做了一點，那個地方就增加了很多，這個修道就是要自己去修行的。

還有，為什麼要放生呢？因為放生得長命報，你不殺牠，人家就不殺你。好像為什麼世界有戰爭？就都因為人的殺生，你殺牠，牠就殺你，互相殺。做畜牲的被人殺，畜牲做人的時候呢？又互相殺，這殺不過來了，殺業造得太重了，所以就引起戰爭。這個戰爭就是要互相殺，互相報復——你殺我，我就殺你；我殺你，你又殺我——總也不完，這個帳目，越搞越多，好像有利息。你殺我一個，我殺你十個；你殺我十個，我要殺你百個。這麼樣的，互相用槍啊、砲啊、飛機去轟炸，這都是造的殺業所引起的。放生呢，減少這個殺業；殺業減少了，放生放得多了，那麼戰爭也就沒有了。所以這個，不是反對戰爭，我們根本就不戰爭；因此不殺生，這是真正能使壽命延長的一個法門。

我們放生也不一定希望我們壽命延長，而是希望一切眾生都平息殺業，把殺的業力都停止了，這是放生的真正原因。又者，放生又是少疾病，你能放生，疾病都會少。

——宣化上人

6

編者的話

現代醫學發達,其原始的動機在於減緩人類的痛苦並延長壽命。螻蟻尚且貪生,況乎號稱萬物之靈的人類;對生命的愛惜並不是人類的專利,只要有自主行為能力的眾生都愛惜生命。

生活的品質應該更重於生命的長短,若要有優化的生活品質,首重有形的食物與無形的福德。所謂「病從口入」,若是食材選擇、烹調方式得宜,就已經得分,若再加上適度的運動與健康的環境,那麼有形的生活品質已有八十分。

萬事皆有因果,沒有「真正的不公平」,只是我們有限的才智無法做全盤的瞭然與判斷,「欲知前世因,今生受者是;欲知來世果,今生作者是。」我們的所作所為可以留芳、也可遺臭,端看我們如何選擇。我們的心就是一個小地球、小宇宙,內心若是慈悲,誠於中、形於外,眾志成城,相對可以讓地球乃至宇宙更為祥和,進而影響有形的物理環境,可以減低人禍與天災。

吃素對於有形的健康與無形的慈悲都是一個基本選項:素食可以提供各種完善的營養素與纖維質,讓人體補充營養並同時進行排毒,可以減緩人體的氧化與地球暖化;素食可以長養慈悲心更可以減低殺業,並透過放生來累積福德。在現今的社會,吃素就是不殺生,天理循環不爽,不殺生就會少疾病;若能再累功積德,將個人的生命效益充分發揮,不自私、不自利,讓人生更充滿意義,豈不快哉!

法界佛教總會聖荷西分支道場~金聖寺,是宣化上人圓寂前最後購置的道場。此處前身為一座殘障學校,幫助學生克服殘障的困難;上人將之改為道場,其用心可說是進一層地幫助眾生除卻身、心的障礙。此道場有來自不同國家、不同種族的信眾,展現多元的文化背景。為了提供更豐富的素食選擇,金聖寺的信眾提供了不同國家的素菜,集結為法界食譜5《多國風味》。法界食譜的製作前提都是健康、味美、易烹調,讓吃素可以有更多的變化與樂趣;更希望讀者藉由吃素,不但強化健康,透過本書的法語更能得到內心的平靜,建構自己內心世界的 inner peace,達到真正優化的生活。

特殊食材簡介：

1. 義大利瓜(Zucchini)，臺灣稱為節瓜，中國稱為西葫蘆，香港叫筍瓜，在歐美稱為夏南瓜(summer squash)，有綠色、黃色、淺綠花色，質感柔軟不宜久煮；是法國、義大利等料理常用的食材。

2. 茼蒙，為越南植物，是一種類似芋頭莖的蔬菜，去皮煮湯清脆可口，是「越南酸湯」中不可缺的材料。

3. 越南新鮮河粉，是越南一種以大米製成的河粉，形狀、製法與閩南地區的河粉或粿條相同；它是未經過乾燥處理的河粉，略濕，必須放冰箱冷藏。

4. 韓國冬粉，由韓國的紅薯製造而成，不同於臺灣的紅地瓜；韓國人用於涼拌較多，是韓國很普遍的食物，韓國超市可購得。

5. 湄南沙河粉，是泰國常用的乾河粉。「沙河粉」，是中國南方、港、澳和東南亞等地區常見的米製品，如廣東人的瀨粉、閩南人的粿條、客家人的粄條、越南人的河粉都很相似。

6. 乾海草，呈黑色，是海洋中的海草，有豐富的鈣質，可於日本超市購得。

7. 多香果粉(Allspice)，又名「眾香子」，又稱「牙買加胡椒」，原產於美洲熱帶地區，由於果實具有丁香、胡椒、肉桂、肉荳蔻等多種香料的味道，故稱「多香果」，多香果粉即多香果所磨成的粉。《註：孕婦不宜使用》。

8. 奧勒岡香草(Oregano Leave)，學名「牛至」，亦稱為「馬郁蘭香草」，是義大利菜餚中，最常見的廚房料理香草，很適合搭配番茄、乳酪等使用。臺灣超市可買到。

9. 百里香(Thyme)，又稱為麝香草，香味清新優雅，主要生產於法國和西班牙，用途相當廣泛，通常在燉煮湯底、醬汁時一定會加，可說是眾多香料中的基本香料。臺灣通常只有乾燥的百里香，乾燥過的香味大概會比新鮮的少 40 %，因此使用乾燥的百里香料理時就必須用多一點的份量。

10. 麵筋粉(Gluten)，美國很普遍，臺灣因為麵筋很普遍，所以很少用麵筋粉來自製麵筋。

11. 義大利香料(Italian Seasons)，以義大利菜中常用的香料混製而成的綜合香料，是義大利人、美國人普遍用的香料，臺灣超市可買到。

12. 東炎醬，是南洋常用的調味料，有酸酸、甘醇、撲香、帶著微辣的南洋特有香氣。「素食東炎醬」，調理簡單又方便，隨意加入各種咖哩配料，調配出特別風味之咖哩：作為火鍋醬料也非常適合，搭配米飯、麵條皆可，用途相當廣泛。

13. 酸子，又稱羅望子，棕色狀似豆莢，果肉具酸味，通常製成酸子醬，可用於調味，做菜、煮湯，亦可做成飲料。

14. 「生抽」為淡色醬油，「老抽」則是顏色很深的醬油，同臺灣的醬色。

15. 此食譜因國籍不同，所用的糖，名稱亦不同。所謂的紅糖、黃糖均為台灣的二砂糖。

份量

Weight

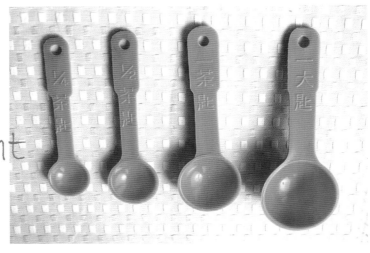

1 台斤 = 600 公克
1 台兩 = 37.5 公克
1 公斤 = 1000 公克 = 1 台斤又 10 兩半
1　磅　= 450 公克

1 大匙 = 15cc = 1 湯匙
1 茶匙 = 5cc = 1/3 湯匙
1/2 茶匙 = 2.5cc = 1/6 湯匙
1/4 茶匙 = 1.25cc = 1/12 湯匙

1 杯（電鍋杯）= 180cc
本食譜烤箱所用的度數以華氏為主

慈母家常

慈母手中菜　孩兒口裏餚
道道精心做　意恐兒不飽
誰言寸草心　報得三春暉
慈母的愛心無國界

慈悲，就是一株草、或者一棵樹，也不忍把它折斷；或者一隻小蟲子、一隻螞蟻，甚至一隻蚊蟲，也不傷害它，這都是慈悲心。

—— 宣化上人

椰漿鹹糕

(越式) (6 人份)

步　驟： 1. 粘米粉、椰漿加水 1 又 1/2 杯混合，靜置 4 小時備用。
2. 鍋中放水 2 杯煮開，倒入步驟 1.快速調勻，倒入容器內蒸 20 分(以筷子測試，不黏筷子即熟)。
3. 將沙葛絲、胡蘿蔔絲、黑木耳絲加調味料，用油炒熟備用。
4. 將步驟 2.取出切片，置盤中，將步驟 3.淋上即成。

分　享： 1. 粘米粉，又稱為在來米粉或大米粉。
2. 沙葛盛產於秋夏季節，能生津止渴、清涼去熱，並預防神經痛。

材　料：
粘米粉 1/2 磅
水 3 又 1/2 杯
椰漿 1/3 杯
中型沙葛 1 顆
胡蘿蔔 1 顆
黑木耳絲 1 杯

調味料：
醬油 1 大匙
糖 2 茶匙
鹽 1 茶匙

除 非你能夠擁抱並接納所有的生物，而不只是將愛心局限
於人類而已，不然你不算真正擁有憐憫之心。

——— 史懷哲

慈母家常
14

百匯沙拉

(越式) (6 人份)

材 料：
高麗菜 1/4 顆
胡蘿蔔 1 條
西洋芹 2 片
小黃瓜 1 條
熟花生 1 杯
檸檬 2 顆
薄荷葉、紫蘇葉、
香菜各適量

調味料：
糖 1/2 杯
鹽 1 大匙
醬油 3 大匙
麻油適量

步 驟：
1. 高麗菜、胡蘿蔔、西洋芹、小黃瓜、薄荷葉、紫蘇葉、香菜等洗淨，切絲備用。檸檬搾汁。
2. 熟花生去皮，打碎備用。
3. 取一鋼盆放入步驟 1.，加入所有的調味料混合，淋上麻油，撒上花生末即成。

分 享：
美國的世界級中長跑運動員卡爾回憶自己的運動生涯時說：「我發現一個人能不需要動物蛋白質而成為一名成功的運動員。事實上，我的賽跑成績最好的一年是我吃嚴格素食的那一年。」

肉食不能提供人類最好的營養，也不是我們老祖先所吃的食物。

—— 約翰・哈維・凱洛格醫師

草堂豆腐

(中式) (5 人份)

步　驟：
1. 豆腐切約 1 公分丁狀備用。洋菇切丁備用。
2. 鍋燒乾下油，將辣椒醬、醬油膏、沙茶醬略炒；下 1/2 碗水煮開，續入豆腐丁、洋菇、毛豆，以小火加蓋燜 7 分鐘後芶芡，滴麻油數滴，盛盤，撒上花椒粉即成。

分　享：
最近有位朋友告訴我，他的妻子有一次赴宴會，她因素食只叫一盤蔬菜，座旁一位陌生男子，面前亦一盤蔬菜。這位男子問她道：「請問太太是素食家嗎？」婦人答道：「正是！先生亦是嗎？」那人回答：「不是。我是肉類檢查員，明白肉類或有病菌，因此不敢吃肉。」
　　——奧雲伯列博士等著《醫學博士為什麼要素食》

材　料：
中硬度豆腐 1 盒
毛豆 1 大匙
洋菇 3 朵

調味料：
花椒粉 1 茶匙
油 1 大匙
醬油膏 1/2 大匙
沙茶醬 1/2 大匙
辣椒醬 1 匙

我認為越是無助的動物，人類越應該保護牠，使牠不受人類的殘暴侵害。

——甘地

綠豆涼粉

(中式) (4~6 人份)

步　驟：

1. 取一鋼盆，將綠豆粉及水混合，置爐上用中火煮(需不停攪拌)約 10 分鐘，呈半透明狀且起泡，即可熄火。
2. 將步驟 1.倒入耐熱容器中，待涼凝固即成(可分幾次食用)。
3. 綠豆涼粉切片，胡蘿蔔及小黃瓜各切絲備用。
4. 將所有的調味料混合備用。
5. 盤內先鋪好生菜，將步驟 3.排入，最後將步驟 4.淋上即可。

分　享：

美國波斯頓市一居民養了一隻名叫艾略特的鸚鵡，牠夜間在家人熟睡時發現煤氣漏氣，便大聲發出怪聲，才使全家免於被煤氣薰死。當地的一家群眾團體聞訊後，特授與牠「好市民金牌獎」。

——《新編護生畫選輯》

材　料：

綠豆粉 1/2 杯
水 3 又 1/2 杯
生菜 2 片
胡蘿蔔 1 條
小黃瓜 1 條

調味料：

薑末 1 大匙
糖 2 大匙
醬油膏 2 大匙
檸檬汁 1/2 杯

吃素的行為應該會賦予那些一心想要將天國帶到地上的人很大的喜悦，因為吃素象徵了人類對完美道德的渴望是很真切的。

——托爾斯泰

歡樂串串

(中式) (約 12 串)

步　驟：
1. 將素粒泡軟，擠乾，醃入少許醬油膏，煎成金黃色；加入青椒、紅椒、蒟蒻、鳳梨、洋菇等，依各人喜好串成 1 串。
2. 混合所有的調味料，塗在燒串上即可。

分　享：
美國著名發明家愛迪生是一個素食主義者，《紐約太陽報》曾這樣評述道：「據愛迪生一個朋友說，愛迪生不吃任何魚、家禽和肉，他鍾情於水果、蔬菜，特別是那些沐浴生長在陽光下的作物。他平時非常注意自己的飲食，確信素食生活對他的行為、思維方式及身體都產生了積極的影響。」

材　料：
素粒 12 個
青椒、紅椒各 1/2 個
蒟蒻 6 片
鳳梨、洋菇隨意

調味料：
沙茶醬 1/2 大匙
醬油膏 2 大匙
辣椒醬少許
新鮮檸檬汁 1 大匙

虛雲化食人間，中外地方差不多都到過。我是凡夫，沒有
神通，不會變化，所以不敢吃肉。

——虛雲老和尚

香味素醬

(中式)(6 人份)

步　驟： 1. 香菇洗淨，泡軟，切丁。胡蘿蔔切丁。蘿蔔乾泡水、切丁。素碎末洗淨，泡軟，瀝乾備用。

2. 鍋中入油，下香菇爆香，續入素碎末、胡蘿蔔丁、蘿蔔乾丁炒熟，最後下豆豉及調味料，拌勻即成。

分　享： 北京奧運餐飲總執行杜蘭透露可能超過 20%的奧運選手是素食者，「運動員有很多素食者，可能超過 20%，所以我們的沙拉裏都不含肉。」負責人杜蘭介紹說。

　　——摘自《新京報》2008 年 08.08 「親歷奧運村運動員居住區」

材　料：
香菇 5 朵
素碎末 1 碗
胡蘿蔔 1 條
豆豉 1 大匙
蘿蔔乾 2 大匙

調味料：
醬油膏 1/2 大匙
糖 1 茶匙

走路恐傷螻蟻命，愛惜飛蛾罩紗燈。

——格言

藜麥(Quinoa)沙拉

(西式) (6 人份)

步　驟：
1. 將甜菜根(去葉)、南瓜、洋菇分別切丁，入蒸鍋中，蒸熟備用。
2. 藜麥放入電鍋中煮熟(與飯同樣的煮法)。
3. 將所有的調味料置一鋼盆中，拌勻備佣。
4. 甜菜根葉切 1/2 英寸長，香菜切碎備用。
5. 將步驟 1.2.3.4.全部混合拌勻，最後撒上香菜即可。

分　享：
1. 藜麥營養價值很高，與麥和米不同的是，藜麥含充份的必需氨基酸(人體無法產生的)，也是纖維、磷、鎂、鐵的來源，因不含穀膠所以很容易消化。
2. 藜麥原產於南美洲高原地，又稱為「灰米」、「印地安麥」為異國食材，台灣不容易買到。

材　料：
甜菜根 2 顆
南瓜 1 杯
洋菇 1 杯
藜麥 1 杯
香菜 1/2 杯

調味料：
素食烏醋 2 大匙
橄欖油 3 大匙
鹽 1/2 茶匙
胡椒粉 1/2 茶匙
義大利調味料(Italian Seasoning)1 大匙
醬油 1 大匙

我想到就覺得很震驚，到底是什麼樣的慾望讓人類開始吃死屍肉，又是什麼樣的動機造成人類非要用動物的肉來養肥自己不可。

——布魯達克(Plutarch)，希臘哲學家

堅果西洋菜

(日式) (5~6 人份)

步　驟：
1. 胡蘿蔔洗淨，去皮，切薄的滾刀片。西洋菜洗淨，切 3 公分長。
2. 杏仁片用中火過油備用，蒟蒻燙過水，切條備用。
3. 鍋中放油，以中火炒軟胡蘿蔔，續入蒟蒻炒熱，撒入杏仁片、鹽、白胡椒粉拌勻盛起備用。
4. 鍋中放油少許，快炒西洋菜，加少許生抽備用。
5. 將步驟 4.鋪盤底，盛入步驟 3.即可。

叮　嚀：
選購西洋菜時，莖部如呈少許紅色會有苦味，應挑選莖部白、粗為宜。

材　料：
西洋菜 1 把
胡蘿蔔 2 條
杏仁片 1/2 杯
蒟蒻 1/2 塊

調味料：
鹽 1/2 茶匙
白胡椒粉 1/2 茶匙
生抽醬油 1 茶匙
油 2 大匙

現身說法

廣化法師在抗戰期間從軍,一向在軍中擔任軍需官。他酒量很大,好吃雞鴨魚肉,也說不出吃下了多少。

三十八年他駐防定海,所住的村莊附近雞鴨成群,他每天都要房東小姐給他買兩三隻到四五隻不等,由勤務兵紅燒清燉大家吃;幾個月下來,村子附近數里內的雞鴨都被他們吃光了。

後來他來到台灣,四十二年信佛,四十六年出家,六十三年在南投蓮光寺閉關,拜淨土懺,已拜了九個多月。他文中自述:「一天,第一拜拜下去,就覺得身輕起來,向西方前行,走了不到幾步,聽到身後有很多雞鴨的叫聲,回頭看去,只見成千上萬的雞鴨分作三行,追隨著我……。心想牠們來找我算帳了,不禁一驚,如夢初醒。……怎知道,就在當晚於禪房裡,平地一跤,跌斷左腿。」

繽紛國宴

平價的食材
國際化的菜色
新鮮的口味
簡單的工序
國宴　就在我家

因果報應是絲毫不爽的，我們人切記不要殺生，你殺牠，
牠就殺你，互相殘殺，沒有完了的時候。

——宣化上人

烤西紅柿

(法式) (6 人份)

步　驟：
1. 番茄洗淨，切半去籽(不能留任何籽)，內外抹上奶油備用。
2. 將步驟 1.內撒上鹽、糖、胡椒粉備用。
3. 將麵包屑加入油及胡椒粉拌勻，確定全部沾濕即可。
4. 將步驟 3.逐一填入步驟 2.，全部做完後，入烤箱，以 350 度烤約 10~13 分鐘，烤到起司變色，取出撒上巴馬乾酪起司粉即可。

分　享：
著名茹素科學家派翠克布朗素食 30 年，純素已經 5 年。他與著名大廚及食品研究員合作了 1 年，發展美味的素食餐點與方案來克服食品安全的問題。他也談到地球危機是可以解決的，布朗博士簡單提出了解決方法的總結：「消除地球畜牧業。」

材　料：
橢圓型番茄(西紅柿)6 個
麵包屑 2 杯

調味料：
油、鹽、糖適量
巴馬乾酪起司粉(parmesan cheese)
奶油隨意
胡椒粉隨意

慈心即是一切安樂之因緣。

——《優婆塞戒經》

紅白香薯泥

(法式) (4 人份)

步　驟：
1. 地瓜、馬鈴薯去皮，切大塊，煮熟，壓成泥備用。
2. 步驟 1.趁熱加入奶油、牛奶、鮮奶油(half & half：廠牌名)及素高湯(作法見《菜根飄香》16 頁)、辣椒粉，拌至稠狀即成。

分　享：
在阿根廷，有一隻名為池娜(China)的母犬，在一個酷寒的冬夜，池娜在野地發現一名女棄嬰，就把她叼至自己新生幼犬所住的狗屋裏。池娜和她的幼犬一起徹夜為嬰兒保暖，直到池娜的主人聽到嬰兒的哭聲，才把這名女嬰帶到當地的醫院接受醫療照護。嬰兒在醫院被取一個很適切的名字「愛絲佩蘭莎」(Esperanza)，意指「希望」。

材　料：
紅地瓜 2 條
馬鈴薯 1 顆

調味料：
奶油適量
辣椒粉少許
牛奶、鮮奶油(half & half)及素高湯比例 1：1

聖經之中，人類活得最久的時候，是在他們吃素的時候。
——理查‧史華滋，《猶太教與素食主義》

紫氣東來

(法式)(6 人份)

步　驟：
1. 紫色高麗菜洗淨，切絲，入鍋中炒 5 分鐘後，加白醋，略炒備用。
2. 將葡萄汁、肉桂棒、荳蔻粉倒入步驟 1.，蓋過紫色高麗菜。
3. 將步驟 2.用大火煮滾，再改小火，煮 40 分鐘，直到菜軟備用。
4. 蘋果洗淨，去皮，切成正方型丁過鹽水備用。
5. 將步驟 3.取出排盤，撒上步驟 4.即成。

分　享：
動物像我們一樣，也是地球的公民。像我們一樣，牠們為生存而奮鬥。跟我們一樣，牠們也能在困境中尋求自我安慰。像我們一樣，牠們表達不同的情感。簡而言之，牠們像我們一樣，是活生生的生命。
──最佳紀錄片 Earthlings(地球上的生靈)

材　料：
紫色高麗菜 1 顆
葡萄汁 750cc

調味料：
白醋少許
鹽少許
肉桂棒 2 小支
荳蔻粉 1 茶匙
油少許

飛來山鳥語惺忪，卻是幽人未睡中。
野竹成陰無彈射，不妨同享北窗風。

——宋代陸遊

松果高麗菜

(法式) (6 人份)

步　驟：
1. 將所有小高麗菜洗淨，對半切，入開水中燙熟，以冰水漂涼備用。
2. 取一平底鍋，將松子略炒至棕色(不能焦)，取出備用。
3. 鍋中入奶油融化，下步驟 1.2.快炒，加入調味料及檸檬汁即成。

分　享：
美國著名田徑運動員卡爾‧劉易斯(Carl Lewis)曾獲 9 枚奧運金牌，是一位嚴格素食者。他說：「我最好的參賽成績是在我 30 歲那一年成為嚴格素食者之後獲得的……，我從多種素食中同樣可以獲得需要的營養，而不必像其他人那樣依賴肉食。當我飲用新鮮果汁，吃素漢堡或者含豆腐的沙拉的時候，我感覺更爽、更有活力，因為我能感覺到自己的消化系統更清潔、循環更暢通，而且我覺得自己變輕了。」

材　料：
松子 1/3 杯
小高麗菜 14 顆

調味料：
鹽、黑胡椒適量
檸檬汁 1/3 杯
奶油少許

任何人想要拯救世界，吃素是你的首選！
——莫妮卡・甘地(Maneka Gandhi)，印度國會議員

蘆筍平菇(oyster mushroom)

(法式)(6 人份)

步　驟： 1. 蘆筍洗淨，燙熟，入冰水中漂涼備用。
2. 平菇洗淨備用。
3. 鍋中放油，下步驟 1. 2.快炒加鹽，撒上奧勒崗香草即成。

分　享： 在香港有一位姓謝的人，他媽媽喜歡吃蝦、龍蝦、螃蟹，所以她生了一個兒子，橫行和螃蟹差不多，現在已十多歲了，這都是現世現報，很清楚地說明殺生的果報。

——宣化上人

材　料：
平菇(又名蠔菇、秀珍菇)2 盒
蘆筍 1 把

調味料：
鹽 1 茶匙
油 1 大匙
奧勒崗香草(Oregon)少許

不殺生一戒，即具三聚淨戒者，謂離殺生之惡是攝律儀，
為長慈悲心是攝善法，為保護眾生是攝眾生。

——虛雲老和尚

金蔬點翠

(法式)(5 人份)

步　驟：
1. 黃色義大利瓜洗淨，等分切成 8 塊。
2. 鍋中入橄欖油，下步驟 1.煎熟，至每面都成淡棕色備用。
3. 鍋中入奶油融化，下步驟 2.拌勻，讓義大利瓜，表層都裹上一層奶油：再撒上小荳蔻粉，用小火炒勻備用。(注意不要炒焦了)
4. 將步驟 3.義大利瓜盛出來。
5. 煎鍋裡剩下的汁液與檸檬汁混合，加入鹽和胡椒調味，再倒下步驟 4.拌勻，撒上巴西利末即成。

材　料：
黃色義大利瓜 5 個

調味料：
檸檬汁 1/2 大匙
鹽 1 茶匙
胡椒粉適量
奶油 2 大匙
橄欖油 1 大匙
小荳蔻粉 1 大匙
巴西利末 1 大匙

慈是眾生與我體同；應起悲心，憐彼昏蒙；勸世人，放生
戒殺；不食其肉，乃謂愛物。

——古諺

繽
紛
國
宴
42

泡菜豆腐

(韓式) (6 人份)

步　驟：
1. 大白菜洗淨，晾乾，切 2 公分寬條，用鹽醃一下，擠掉水份(不用很乾)備用。
2. 麵粉加水調成稀糊狀，煮熟待涼備用。
3. 將步驟 1.2.混合，倒入養樂多及辣椒粉拌勻，入冰箱冷藏約一星期，待其稍稍發酵，即成韓國泡菜。
4. 砂鍋加熱入油，下步驟 3.泡菜及少許水煮出味，續入豆腐及所有調味料，最後下金針菇，煮熟即可。

叮　嚀：
此道菜趁熱才好吃。養樂多，可改成雪梨 1/2 顆，打成泥代替。

材　料：
山東大白菜 1/2 個
豆腐 1/2 盒
麵粉 4 大匙
小養樂多 1 瓶
金針菇 1 包

調味料：
醬油 1 大匙
韓式辣椒粉適量
海苔調味粉適量
油、鹽、水適量

慈　我從前很愛吃肉，是肉食主義者。現在覺得吃素是對的，
　　因為其他動物像我的狗一樣有生命，而生命都是重要的。
　　　　　　　　　　　　　　　　　　　——大 S(徐熙媛)

五木和菜

(日式) (6 人份)

步　驟： 1. 乾海草用冷水泡 20 分鐘，洗淨，瀝乾備用。
2. 將胡蘿蔔、油豆腐皮切條狀備用。
3. 毛豆汆燙瀝乾、蒟蒻先用醋煮去腥味，切條狀備用。
4. 鍋中放油，炒軟胡蘿蔔；加入蒟蒻、油豆腐皮同炒，盛出備用。
5. 鍋中放油少許，下乾海草炒 3 分鐘，續入步驟 3.4.，加調味料拌勻即成。

分　享： 「五木」二字，在日本料理中的意思為「什錦」。

材　料：
乾海草 1/2 包
胡蘿蔔 1 條
油豆腐皮 2 塊(包壽司用的)
蒟蒻(白色)1 塊
毛豆 1/2 杯

調味料：
油 1 大匙
鹽 1 茶匙
糖 1 茶匙

硬殼果、穀類、豆類、蔬菜等，營養豐富並不少於肉類，
有此素食何復他求！
　　　　——哈佛大學 Dr. Fredrick Star，現代營養學權威

福祿壽喜

(中式) (6 人份)

步　驟：
1. 美白菇洗淨備用。
2. 鍋內放 1/2 碗水燒開。
3. 下紅蘿蔔片、甜豆、蒟蒻一齊煮 2 分鐘，後入美白菇及調味料，用地瓜粉芶芡，滴少許麻油即可。

分　享：
問：一般人認為肉類比較有營養，對身體有益，請問上人看法如何？
宣化上人：其實並不是肉有營養，對身體有益健康，現在世界上很多吃肉的人都生癌症。

材　料：
甜豆 1/2 磅
蒟蒻 10 片
美白菇 1 盒
紅蘿蔔片 10 片

調味料：
鹽 1 茶匙
糖 1 茶匙
地瓜粉 1 大匙
麻油少許

一曰寡欲，二曰節勞，三曰息怒，四曰戒酒，五曰慎味。
　　　　　　　　　　　　　　——中國古代養生格言

蒟蒻彩椒

(中式)(4 人份)

步　驟：　1. 蒟蒻切斜片，荷蘭豆去頭尾洗淨，黃椒、紅椒洗淨切斜片備用。

2. 水煮開，入蒟蒻燙 1 分鐘，撈起備用。

3. 將步驟 2.醃入薑末、醬油膏、辣椒醬、糖，約 20 分鐘備用。

4. 鍋熱放油，入荷蘭豆、黃椒、紅椒及步驟 3.，炒 2 分鐘即成。

分　享：　一所房子的主人在一面已經拆除一半的牆中，發現了一隻被釘子穿身而過的蜥蜴。主人想起來這根釘子是自己為了掛結婚照片於 20 年前親手釘到牆上的，沒想到卻將一隻生命釘中。可是最令人吃驚的是：這隻蜥蜴還活著！主人很驚奇，仔細觀察為何牠可以 20 年不死。經過幾天的觀察，主人發現了秘密：原來這隻蜥蜴的同伴不斷從四處找來食物餵牠，而且一餵就是二十年！

材　料：

蒟蒻 1 塊
黃椒 1/2 個
紅椒 1/2 個
荷蘭豆少許

調味料：

醬油膏 1 大匙
糖 1 茶匙
香油、辣椒醬隨意
薑 3 片

大慈大悲，名為佛性。慈即如來，如來即慈。

——《大般涅槃經》

妙味腐皮捲

(越式) (2 條量)

步　驟：
1. 新鮮腐皮用剪刀，剪成小塊，用溫水洗淨，加少許鹽拌勻，瀝乾備用。
2. 鍋中放油，下胡椒粒炒香，將步驟 1.入鍋中炒，下所有的調味料拌勻備用。
3. 香蕉葉洗淨，擦乾，抹油，將步驟 2.放入，呈長條型捲緊，再用棉繩捆緊。
4. 蒸鍋放水燒開入步驟 3.，用大火蒸 1 小時即成。

分　享：
若與牛肉含百分之五十六不淨的水份相比較，從堅果、豆類及穀類中所得到的蛋白質，顯然要純淨多了。

——《大英百科全書》

材　料：
新鮮腐皮 1 包(約 3 張)
香蕉葉或粽葉適量
棉繩適量

調味料：
油 2 大匙
醬油 2 大匙
糖 1 大匙
鹽 1 茶匙
胡椒粒 1 大匙

動物體會喜悅和疼痛的方式,與我們人類頗為相似。請對自己與其他人誠實,並誠摯的向眾生允諾:「絕不再殺生了!」

——喬治亞·克魁提

黃金酸咖哩

(印式) (5 人份)

步　驟：
1. 將紫菜豆包捲(見法界食譜 1《菜根飄香》21 頁)切成 8 片煎成金黃色備用。
2. 將咖哩粉及酸籽醬調成濃稠狀備用。
3. 鍋中放油，用中火下印度籽，炒至彈起來，續入印度香菜及步驟 2.略炒：放入洗淨的番茄片及所有的調味料同炒，才將椰漿倒入，待滾後，下秋葵(即羊角豆)、洋菇煮熟，淋入步驟 1.中即成。

分　享：
根據研究顯示，吃素的小孩比同儕具有更高的智商，而素食者的平均壽命也比肉食者長六至十年。此外，他們罹患心臟病和癌症的機率減少了百分之五十。肉食者過胖的情況，則比素食者高出九倍。素食提供我們所需的全部營養，且不含飽和脂肪、膽固醇和污染物。

——《食物背後的真相》

材　料：
紫菜豆包捲 1/2 條
番茄 2 個切片
秋葵 12 顆
洋菇 4 個對切

調味料：
鹽 1 又 1/2 茶匙
糖 3 茶匙
醬油膏 2 又 1/2 茶匙
油 2 大匙
酸籽醬 3 茶匙
咖哩粉 3 大匙
印度香葉 6 小片
印度籽少許
(酸籽醬及印度籽為印度香料)

繽紛國宴
54

殺生的業報就是互相報復，造成國與國的戰爭，來互相報
仇，互相造殺業；所以殺業越造越深，越造越重，就互
相殺殺不已。

——宣化上人

馬來(rending)豆腐

(馬式)(4 人份)

步　驟：　1. 鍋中放椰絲粉，炒至金黃色備用。
　　　　　2. 丁香粉、肉桂粉、辣椒粉、荳蔻粉、八角粉，放少許水，調濃稠狀備用。
　　　　　3. 鍋中放油，爆香檸檬葉、香茅、南薑，續入步驟 2. 用慢火炒到香味溢出；加入鹽、糖，再下百頁豆腐、椰漿、酸籽醬，用中火慢煮 10 分鐘，最後下步驟 1.，改小火燜 15 分鐘即成。

分　享：　南薑在南洋、歐美料理中是普遍的香料，南薑對改善鼻子過敏、鼻竇炎、過敏性體質有所助益。

材　料：
百頁豆腐 1 條
椰漿 1 罐

調味料：
油 2 大匙
鹽 1 又 1/2 茶匙
糖 3 茶匙
檸檬葉 4 片
丁香粉 1 茶匙
肉桂粉 1 茶匙
辣椒粉 1 又 1/2 大匙
八角粉 1 茶匙
荳蔻粉(nutmeg)1/2 茶匙
酸籽醬 2 茶匙
乾椰絲粉 4 大匙
香茅、南薑各 1 茶匙

有很好的證據顯示，假如一個人減少攝取魚肉和家禽類食物，他可能因此減少患腎結石的可能性。

——寇歐博士，芝加哥大學醫學教授

歡樂沙嗲

(馬式)(約 12 串)

步　驟：
1. 素片泡軟，擠乾水份備用。
2. 小黃瓜洗淨，切滾刀塊備用。
3. 將所有的調味料混合，醃上步驟 1.約 1 小時備用。
4. 取中號竹籤，每支串入 3 個素片，全部串好備用。
5. 鍋中放油少許，將步驟 4.入鍋中，一串一串煎至金黃色備用。
6. 食用時，將步驟 5.沾沙嗲醬，配步驟 2.同食。

材　料：
素片 1/2 磅(約一中碗)
小黃瓜 3 條
竹籤中號 10~15 支

調味料：
大茴香粉 1/2 茶匙
小茴香粉 1/2 茶匙
黃薑粉 2 茶匙
鹽 1/2 茶匙
糖 3 茶匙
油 3 大匙
荳蔻粉(nutmeg)1/2 茶匙

貼心禮物
馬來沙嗲醬做法：

材　料：
花生末 1 杯、酸籽醬 3 茶匙
碎香茅 1 又 1/2 茶匙
碎南薑 1 大匙
辣椒粉 3 茶匙
夏威夷果打碎末 1/2 杯(或腰果末)
小茴香粉 1 茶匙
黃薑粉 1 茶匙、荳蔻粉 1/2 茶匙

調味料：
糖 3 大匙
鹽 1 茶匙
水 2 杯
油 1 又 1/2 大匙

步　驟： 1. 花生末炒香備用。
2. 辣椒粉、小茴香粉、黃薑粉混合加少許水，呈濃稠狀備用。
3. 鍋中放油，以中火爆香南薑和香茅，續入步驟 2.，炒至香透備用。
4. 將所有調味料及步驟 3.混合，慢火，煮至香味溢出，熄火，撒上花生末及夏威夷果末即成。

美飯不忘

一樣米養百樣人，
單純的稻米，遇到不同的文化，
可以風味百變…

我們和眾生都是同體的；眾生在不自由的這種環境裏邊，我們都應該幫助牠，讓牠得到自由。

——宣化上人

卷壽司

(日式) (4 條份)

步　驟：
1. 胡蘿蔔放水煮軟，小黃瓜去籽(才不會出水)。
2. 酪梨切 8 片、小黃瓜、胡蘿蔔、黃蘿蔔切條備用。
3. 米洗淨，放入電鍋煮熟，將壽司醋及檸檬汁，趁熱拌入煮熟的飯中，放涼備用。
4. 竹簾上放置紫菜，並將壽司飯攤於上，紫菜上端約留 2 公分的空間不舖飯當縫口，在飯上先放美奶滋，再放素鬆、酪梨、小黃瓜、胡蘿蔔、醃黃蘿蔔；餡放好後，拉起竹簾捲至封口，輕輕壓緊，封口朝下放即成。

叮　嚀：
1. 飯要趁熱拌壽司醋及檸檬汁，飯才入味，熱的飯較黏要輕輕拌，才不會糊糊的。
2. 鋪壽司飯時，飯不可壓太緊、太硬、也不要太多，壽司吃起來才爽口。
3. 放餡時先放美奶滋，再放素鬆及其他材料，如此素鬆才不至掉出來。
4. 切壽司時不能用力壓，刀口要抹上開水，前後輕輕拉動，一條壽司對半切，再分切 8 小塊，這樣切出的壽司才會整齊美觀。
5. 包壽司的小黃瓜，要選瘦長直型，最好選比壽司皮長的。

材　料：
壽司米 2 杯
壽司皮 4 張
酪梨中型 1 顆
小黃瓜 1 條
胡蘿蔔 1 條
醃黃蘿蔔 1 條
無蛋美奶滋(見《君康素菜》12 頁)隨意
素鬆、竹簾、紫菜

調味料：
壽司醋 3 大匙
檸檬汁隨意

誓　從斷葷血 不復嬰世網

——王維(盛唐著名詩人)

翻壽司

(日式)(4 條量)

步　驟：　1. 將米煮熟，拌入壽司醋及檸檬汁備用。
　　　　　2. 用塑膠袋把竹簾包起來。
　　　　　3. 取步驟 1.約 1/4 的量，放入步驟 2.上，鋪滿（約紫菜皮大小的空間），用大匙輕壓後，放上紫菜皮 1 張，及其餘材料：酪梨、小黃瓜、胡蘿蔔、黃蘿蔔、無蛋美奶滋、素鬆捲成壽司。
　　　　　4. 將捲好的步驟 3.撒上碎海苔、白芝麻即成。

叮　嚀：　1. 用塑膠袋把竹簾包起來，是避免竹簾間隙卡住米粒。
　　　　　2. 將壽司飯鋪在紫菜上時要均勻；鋪滿後，不要看到下面的紫菜，壽司包起來才不會鬆垮。

材　料：
米 2 杯、酪梨 1 顆
小黃瓜 1 條
胡蘿蔔 1 條
黃蘿蔔 1 條
無蛋美奶滋(見《君康素菜》12 頁)
素鬆、竹簾、紫菜
碎海苔、白芝麻、塑膠袋

調味料：
壽司醋、檸檬汁等
適量。

造一所寺，不如救一人命。

——《正法念經》

牛蒡松子飯

(日式) (6 人份)

步　驟：
1. 牛蒡洗淨，去皮，切粗絲，用冷水泡 5 分鐘備用。香菇洗淨，泡軟切薄片。胡蘿蔔去皮，切粗絲備用。
2. 乾鍋入松子，用小火炒至淺黃色備用。毛豆用開水燙 1 分鐘，瀝乾備用。芹菜切丁備用。
3. 白米、糯米洗淨，瀝乾，放入電鍋中備用。
4. 鍋中放油，將香菇、胡蘿蔔、牛蒡等炒香，後入醬油、紅糖、白胡椒粉，待香味溢出時，加入 5 杯水 (量米杯)煮滾，熄火備用。
5. 將步驟 4.倒入步驟 3.內，放在米上面，按電鍋煮熟。
6. 步驟 5.煮好後，翻拌均勻，最後撒上松子、毛豆、芹菜即成。

叮　嚀：　煮飯時加入少許糯米可以暖胃。

變　化：　將牛蒡換成杏鮑菇，香菇換成木耳或椎耳，加上綠竹筍絲及胡蘿蔔，即是日本人最歡喜的松茸飯。

材　料：
白米 3 杯
糯米 1/3 杯
牛蒡 2 小條
胡蘿蔔小型 1 條
香菇 4 朵
松子 1/4 杯
毛豆 1/4 杯
芹菜 1/4 杯

調味料：
醬油 1 大匙
紅糖 2 茶匙
鹽 1 茶匙
白胡椒少許

先修長壽之心，才做長壽之人。

——俗諺

芒果甜飯

(泰式) (4 人份)

步　驟： 1. 糯米洗淨，水 1 杯，泡約 45 分鐘後倒掉水份。
2. 將椰漿 1/4 罐，鹽 1/2 茶匙、黃糖 1 大匙、水 3/4 杯，倒入步驟 1.中拌勻，入蒸鍋，蒸 25 分鐘。
3. 將所剩下的鹽、糖、椰漿用小火煮 5 分鐘後(不能煮開)，用玉米粉苟芡，滴香草精即成。
4. 芒果切片，糯米挖一瓢(隨自己喜歡的款式)排盤，將步驟 3.淋上即可。

分　享： 芒果原產地印度，公元 632 至 642 年，由唐代玄奘大師，從印度帶回中國。現於東南亞熱帶地區均有生產。

材　料：
尖糯米 1 杯
8 分熟芒果 2 個
椰漿 1 罐
水 2 杯

調味料：
黃糖 1 又 1/4 大匙
鹽 1 又 1/2 茶匙
玉米粉 4 茶匙
香草精 1 茶匙

任何人願意廢去肉食，獲益甚大。

——約翰霍普金斯醫科大學 麥柯林博士(Dr. E.V.Mecollum)

香噴砂鍋飯

(馬式) (2 人份)

步　驟：
1. 香菇洗淨泡軟切大片，洋菇洗淨對半切，黑木耳撕成片狀、百頁豆腐切三角型備用。
2. 米洗淨，煮熟(同一般煮法)。
3. 鍋中放油，下薑爆香，加香菇、百頁豆腐、黑木耳略炒；先加醬油及糖炒香，再下薑汁、醬油膏、素食烏醋、鹽、枸杞煮滾，芶芡，撒上白胡椒粉，淋上麻油。
4. 將步驟2.裝入沙鍋中，淋上步驟3.，撒少許香菜即成。

分　享：　所謂老抽，是醬油的一種，老抽的顏色呈棕褐色，口感鮮美微甜。

材　料：
米(basmati)(印度香米)1 杯
薑汁 1 大匙
百頁豆腐 1/2 條
香菇 6 朵
洋菇 3 顆
枸杞少許
香菜末少許
水 1/2 杯
黑木耳少許
薑 3 片
地瓜粉少許

調味料：
老抽(或素豪油) 1 茶匙
醬油 1 茶匙、糖 1 茶匙、醬油膏 2 茶匙、素食烏醋 2 茶匙、白胡椒粉 1/4 茶匙、油 2 大匙、麻油、鹽各少許

法律和公正的約束不應該僅限於人類，就像仁愛應該延伸到每一種生物身上一樣；這種仁愛精神會從人心中真正流露，就如同泉水湧出一般。

——布魯達克(Plutarch)，古希臘哲學家

健身黃薑飯

(馬式) (5 人份)

步　驟：　1. 蓬萊米洗淨，放入 4 杯水，下黃薑粉泡 4 小時備用。
　　　　　2. 將香茅拍扁，切 3 段，入步驟 1.煮熟即成。

分　享：　1. 黃薑有健胃、利膽、破血、行氣之效。
　　　　　2. 赫爾曼經常目睹對動物與魚類的屠殺之後，他總有
　　　　　　 這樣的想法：從人類對待其他動物的方式來看，所
　　　　　　 有人都是納粹。
　　　　　　　　　──辛格(Isaac Bashevis Singer)，諾貝爾獎得者

材　料：

蓬萊米(圓米)4 杯

調味料：

黃薑粉 1 茶匙
香茅 2 支

從我們心裡開始不要殺生，也絕對不要發脾氣。自己吃長齋，也勸人吃長齋、多念佛，那麼這個城市就永遠都會安靜，也不會有地震。

——宣化上人

雪蓮飯

(印式) (6 人份)

步　驟：
1. 將所有粉狀的調味料，用 1 杯的水調勻。
2. 鍋中放油，下步驟 1.炒香，約 5~10 分鐘，再入埃及豆，煮約 20 分鐘，下鹽、糖，最後入番茄丁及檸檬汁拌勻，撒上香菜末即可。
3. 小黃瓜洗淨，切片醃鹽，倒掉鹽水，拌入糖及檸檬汁。(配雪蓮飯一齊食用。)

分　享：　人久禦肥甘，炮炙之味，不獨令腸胃受傷，亦令人心氣昏濁。齋素，可以養生，可以養心。

——明・莫是龍

材　料：
埃及豆(即雪蓮子)1 罐
番茄丁 1 碗
小黃瓜 2 條

調味料：
黃薑粉 1/2 茶匙
小茴香粉各 1 茶匙
辣椒粉 1/2 茶匙
丁香粉 1/2 茶匙
水 1 杯
肉桂粉 1/2 茶匙
鹽 1 茶匙
糖 1 又 1/2 茶匙
油 2 又 1/2 大匙
薑末 1/3 茶匙
檸檬汁 2 大匙
香菜末少許

你吃的是我的苦難

在美國德州，有一個三姐妹樂隊「地球真相」。三姐妹出生在一個純素家庭，姐妹三個從小就持純素，從小就關心這個地球和社會的福祉；父母親從小就教她們尊重所有生命。在飲食上，父母從小就給她們選擇的自由，但是每次姐妹們都選擇純素的食物。

為了免除很多的社會問題，她們認為最重要的一點就是要善待動物。在一首題為「Factory Farm（工廠式農場）」的歌中，她們從動物的角度讓樂迷們了解真相。

歌詞大意說：「從我降世，記憶就是如此。地上是鮮血和內臟，死亡的氣息到處瀰漫。我想知道，生活在恐懼和痛苦中，是不是正常？何人屠殺手無寸鐵的生靈？一個孩子殺了動物，再殺人，那是不是錯？看看我的監獄吧，你吃的是我的苦難。我一輩子只站在同一個地方。你入肚的是我的悲慘。……在生命的盡頭，你會感覺到我的苦痛。」

麵麵留香

粗麵、細麵、通心麵
炒麵、湯麵、乾拌麵
辣的、香的、酸的、甜的　通通好吃

我不僅要瞭解與被稱之為人類的生靈之間的友誼和平等，而且還要瞭解與所有生靈之間的平等，甚至是與地上爬的動物。

——甘地

田園通心麵

(義式) (6 人份)

步　驟： 1. 將通心麵煮熟(約 8~10 分鐘)，瀝乾備用。
2. 將所有的材料切丁備用。
3. 鍋中倒入 1/4 杯橄欖油，及義大利調味料Italian Seasoning，放入素火腿、百頁豆腐炒至略黃，盛起備用。
4. 鍋中再入 1/4 杯橄欖油，放入所有的蔬菜，加入調味料炒至 7 分熟，再倒入步驟 3.及步驟 1.拌勻，最後撒上香菜即可。

變　化： 可用各種不同的通心麵。

材　料：
通心麵 1/2 磅
蘆筍 1/2 杯
義大利瓜 1 杯
番茄 1 個
洋菇 1 杯
紅椒 1 個
素火腿(或麵筋)適量
百頁豆腐 2 條

調味料：
橄欖油 1/2 杯
黑胡椒、鹽適量
糖 1 大匙
義大利調味料(Italian Seasoning) 1 茶匙
醬油 1/4 杯、香菜 1/2 杯
白醋 1 大匙

播種殺戮和痛苦的種子是絕對不可能收穫愛和歡樂的。

——畢達哥拉斯

香郁青醬麵

(義式) (4 人份)

步　驟： 青醬做法——

1. 九層塔拔下葉子，洗淨，擦乾備用。
2. 將步驟 **1.**及松子，用食物調理機器打成粉狀，慢慢加入適當的油同打均勻，用完所有的油才加入調味料，呈濃稠狀即可。

麵條做法——

1. 將材料 **B.**混合揉成麵糰(不要揉太久)，放入冰箱冰 30 分鐘備用。
2. 取出步驟 **1.**擀平，撒上少許麵粉，摺 3 疊，切條打開，再撒上少許麵粉備用。
3. 鍋中放水煮開，入步驟 **2.**燙熟，拌入青醬即可。

叮　嚀： 青醬容易氧化成深綠色，可滴一點檸檬汁。

變　化： 可用不同的麵。

材　料：

A. 青醬的材料：

　九層塔 2 杯

　松子 1/3 杯

　橄欖油 1/2 杯。

B. 麵條的材料：

　麵粉 2 杯

　泡打粉 1/2 茶匙

泡打粉：baking powder

　巴西利碎末少許

巴西利：parsley

　鹽少許

　油適量

　水 160cc

調味料：

鹽、黑胡椒適量

如

果有一隻羔羊哀求一個人不要當劊子手和肉食者,但他還是殺了這隻羊,並把牠烤來吃;如果這種人不是野蠻人,那麼誰才是野蠻人?

——伏爾泰

烏龍湯麵

(日式) (2 人份)

步　驟：
1. 烏龍麵燙熟，沖冷水瀝乾備用。
2. 菠菜洗淨用開水燙 1 分鐘，撈起，沖冷水，整理成束，用竹簾排整齊，擠乾水份捲緊，一段切 3 公分長備用。
3. 乾麻糬用油煎軟，呈金黃色備用。
4. 油豆腐皮切三角型備用。
5. 鍋中入水 1 又 1/2 杯，放入淡色醬油及紅糖，滾開後，將步驟 1.放入：加少許鹽，再將步驟 3.及其油放入。
6. 步驟 5.起鍋前，放入步驟 2.4.：食用時撒些七味即可。

叮　嚀：
1. 此道麵重點加麻糬及其油。
2. 七味乃日本調味料，台灣稱七味唐辛子。淡色醬油大部份含有柴魚，素食者購買時要注意。

材　料：

冷凍烏龍麵 2 片(或乾的烏龍麵均可)
菠菜 1 小把
乾麻糬 2 片
油豆腐皮 3 片

調味料：

油、鹽、七味唐辛子各少許
淡色醬油 4 大匙
紅糖 2 茶匙

當遵慈仁。普惠恩及群生，視天下群生身命，若己身命，慈濟悲愍，恕己安彼，道喜開化，護彼若身，潤逮草木，無虛機絕也。

——《佛滅度後棺歛葬送經》

麵麵留香
82

異鄉冬粉

(韓式) (6 人份)

步　驟：
1. 鍋中放水燒開，入韓國冬粉燙約 8 分鐘，撈起，拌少許油備用。
2. 香菇洗淨，切絲，胡蘿蔔切絲，素絲泡軟備用。
3. 將步驟 2.炒香，加醬油、糖、水，最後入步驟 1.拌勻即可。

分　享：
在市面上能夠買得到的肉類之中，都含有一種毒素，叫做「皮毒」！這種毒素的發生，是由於這些動物在受到宰割，極度痛苦的情緒之下，身體便會大量釋放出來這種毒素，而這些動物死亡後，他們的排毒功能也立即全部停止了，所以這些劇毒就會完完整整的殘留在動物的血液跟肌肉裡面。
——《飲食與健康》

材　料：

韓國冬粉 1 包
香菇 5 朵
素絲 1/2 杯
胡蘿蔔絲 1 杯

調味料：

醬油 2 大匙
糖 3 大匙
胡椒粉少許

真味本是淡，淡味方能長。

——俗語

菩提炒麵

(印式) (6 人份)

材　料：
油麵 1 包
高麗菜 1/2 顆
綠豆芽 1/2 磅
胡蘿蔔絲 3/4 碗
豆包 2 塊
青辣椒、紅辣椒片適量
馬鈴薯 1 個
香菜末、花生末各少許

調味料：
老抽(或素蠔油) 2 茶匙
醬油 2 大匙
糖 2 茶匙
油 3 大匙
咖哩粉 4 茶匙
甜辣醬 2 大匙
檸檬片 2 片

步　驟：
1. 高麗菜洗淨，切絲。豆包煎好，切絲。馬鈴薯煮熟，切滾刀塊備用。
2. 鍋中放油，爆香咖哩粉，加入甜辣醬炒香，續入所有的調味料備用。
3. 將高麗菜、胡蘿蔔、豆包、馬鈴薯放入步驟 2.中炒熟，再下麵條同炒，最後下綠豆芽快炒，撒上香菜及花生末即成。

分　享：惠能大師，自得五祖弘忍大師黃梅心印後，為躲避迫害，隱姓埋名於獵戶群中。獵人交待大師守網，大師慈悲為懷，見被擒被抓的狼獐鹿兔等等獵物，莫不設法為之放生，這樣放生放了十六年，救活的物命不可勝數。後大師坐曹溪道場，大興禪宗，道播神州！

我們照顧這些富貴病及營養過剩的疾病，所花的錢足以幫助並滿足那些需要基礎健康醫療，卻沒買保險的人。

——倫達懷特博士、蘇珊娜哈瓦拉

湄南沙河粉(pad tad)

(泰式) (6 人份)

步　驟： 1. 鍋中放水，煮開，下沙河粉煮 1 分鐘撈起，沖冷水，瀝乾備用。

2. 鍋中放油，爆香素食東炎醬及醬油、糖、鹽，續入豆包，接著下步驟 1. 炒熟，起鍋前入豆芽菜。

3. 將盛出的步驟 2. 撒上香菜末、花生末及檸檬汁即可。

分　享： 聯合國糧農組織 2006 年底報告指出：肉食是全球暖化的主因，畜牧業所排放的溫室氣體超過全球所有的車船飛機與火車的總排放量。曾獲諾貝爾獎殊榮的聯合國政府間氣候變遷研究小組主席帕卓裏表示：不吃肉、騎自行車、少消費，就可以協助遏止全球暖化。

材　料：

泰國沙河粉 1 包
煎好的豆包 2 塊(煎好切絲)
綠豆芽 2 碗

調味料：

醬油 2 大匙
糖 1 又 1/2 大匙
油 2 大匙
鹽少許
素食東炎醬 2 茶匙
香菜末、花生末各少許
檸檬 2 片

寒山問拾得：「放生可成佛否？」答曰：「諸佛無心，惟以愛物為心。人能救物之苦，即能成就諸佛心願矣。」

香濃河粉湯

(越式) (6 人份)

步　驟：

1. 將材料洗淨切大塊，鍋中放水，入白蘿蔔、胡蘿蔔、鹹蘿蔔乾、香菇，加入所有的調味料，熬成高湯，留下香菇，其餘的取出不用。
2. 將新鮮河粉細條，入開水中汆燙立刻撈起。
3. 將蒟蒻丸入步驟 1.中，煮滾備用。
4. 碗中放步驟 2.適量，加入適量的步驟 1.，再撒上九層塔或香菜即成。

分　享：

一群學生將捕獵到的八哥、百勞、黃鸝、山雀、貓頭鷹和許許多多不知名的鳥，集中起來關在一個大籠子裏。夜晚，只聽到「篤！篤！」響聲；這是啄木鳥在搞鬼，誰也不去理牠。第二天，籠子出現一個大洞，小鳥全部飛走了。哈，啄木鳥成了小鳥的解救者。

　　　　　　　　　　　——《新編護生畫選輯》

材　料：

新鮮河粉細條 1 包
胡蘿蔔 2 條
白蘿蔔大型 1 條
香菇 6 個
鹹蘿蔔乾 2 條
九層塔(或香菜)適量
蒟蒻丸 1 包

調味料：

肉桂 1 小支
八角 3 個
花椒 1 小袋
黑胡椒少許
糖 1 大匙
鹽 2 茶匙

要有廣大的慈悲心,這「廣大慈悲心」,是對一切眾生都
要有慈悲;不是對人行慈悲,對畜生就不行慈悲。

——宣化上人

咖哩湯麵

(馬式) (5 人份)

步　驟：
1. 將咖哩粉調少許水，入油鍋中爆香，入桂皮及八角，下鹽、糖及油豆腐包炒香，續入 1 杯水煮滾，再加醬油、椰漿，煮滾備用。
2. 鍋中放水下麵燙熟，再燙綠豆芽備用。
3. 碗中放麵，上面放綠豆芽，淋上步驟 1.，再撒上薄荷即成。

分　享：
無論是業餘消遣或者世界級的運動員，素食不會減少其天生的才能或者運動成績。早在古希臘時代，運動員在訓練時吃素而且在競技中表現了驚人的能力。

——《奧林匹克教練雜誌》，1997 年冬。

材　料：
油麵 1/2 包
油豆腐包 3 個
蒟蒻 4 片
豆芽菜 1 碗
水 1 杯
椰漿 1/2 罐

調味料：
油 1 又 1/2 大匙
黃糖 1 又 1/2 茶匙
鹽少許
醬油 3 茶匙
八角 2 個
桂皮 1 小片
薄荷葉少許
咖哩粉 2 大匙

富
國人民應少吃肉，因為窮人的穀類被剝奪去餵養富國的
牛了。

——聯合國蛋白質顧問委員會

沙茶涼麵

(中式)(4 人份)

步　驟：
1. 麵燙 9 分熟，起鍋，用冷水沖涼備用。
2. 胡蘿蔔絲燙熟，綠豆芽在開水中汆燙一下。
3. 將所有調味料調勻備用。
4. 將步驟 1.2.混合拌勻，淋上步驟 3.，撒上小黃瓜絲即成。

秘　訣：　燙麵時加少許油，起鍋時較不沾粘。

材　料：
麵條 400 公克
胡蘿蔔絲 1 條
小黃瓜絲 2 條
綠豆芽 3 杯

調味料：
沙茶醬、醋、醬油膏
各 4 大匙
辣椒醬隨意

我當時正在吃一份火腿起司漢堡，突然腦海中出現一幅景象：我看到那些被烹煮的動物，於是我再也無法繼續吃那個令人作嘔的起司漢堡。

——陶比麥奎爾的《蜘蛛人》

蕎麥壽司

(日式) (3 條量)

步　驟： 1. 蕎麥乾麵1只，兩邊用細綿繩鬆綁，(預留煮熟膨脹的空間)。
2. 平底略深鍋，入水煮開，放入綁好的麵條，煮至麵條浮上水面，再煮約 2 分鐘撈起，用冷水沖涼後，拌油，瀝乾備用。
3. 取 1/2 片紫菜放在竹簾上，將步驟 2.剪掉繩子，用竹簾捲緊(如捲壽司般)，取出切段即可。
4. 食用時沾調味料。

叮　嚀： 芥末粉用溫水調即可，調好的芥末醬可存放一星期；不辣時，只需加少許糖，辣味即可轉回。

變　化： 可用菠菜麵(綠色)、胡蘿蔔麵(紅色)、白麵(白色)做成三色麵壽司。

分　享： 蕎麥營養價值高，澱粉含量少，夏天吃清涼又減肥。

材　料：
蕎麥乾麵 1 包
紫菜 2 張
竹簾 1 張
細綿繩少許

調味料：
A.芥末粉 1 小匙、糖少許、醬油 2 茶匙、水少許、白蘿蔔泥 1 大匙。
作法：將芥末粉調少許水，拌入糖、醬油即可。白蘿蔔泥食用時才放。
B.中型柳橙 1/2 個擠汁、醬油 1 大匙、素食烏醋 1 茶匙、糖少許。
作法：將所有材料調勻即可。

血淚的忠告

以前，曾有一位患血癌的年輕人，有一天他朋友來看他之後，他哭著向我懺悔一件事，說：「剛才來的那位胖胖的朋友，以前常放生，我都笑他是傻瓜；傻瓜，有魚不會吃，放什麼生！而且他放了，我就跟在後面去釣，自己覺得好聰明、好得意。把魚釣回家，又放在桶中，重覆釣，看魚重覆上鉤，就嘲笑那些笨魚！今天我作化學治療整個口腔都破，甚至牙齒整排都搖，我才知道嘴破原來這麼痛苦，懺悔我怎麼那麼狠心，讓那些魚每一隻都重覆口頰穿孔！現在打死我，我也不釣魚了……。我那個傻朋友，還來看我，我現在才知道，他不傻，我自己才是大傻瓜。」

他哭得全身顫抖，叫我要以他的親身經歷，來勸大家：不要讓眾生受苦，以免果報返回自己身上……。他也是菩薩，親受如此劇烈的苦，來勸勉我們……。

——道證法師

96

歡樂湯品

第一口　瞪大眼睛
第二口　滿臉笑意
第三口　哇！怎麼這麼好喝啊！！

日放生，則慈悲日日增長；久久不息，則念念流入觀世音大慈悲海矣。

——拾得大師

百里香湯

(西式) (6 人份)

步　驟：
1. 胡蘿蔔、馬鈴薯洗淨，去皮，切丁備用。
2. 洋菇、芹菜莖洗淨，切末備用。
3. 鍋熱入油，以中火炒薑末、百里香，再入步驟 2.，炒約 10 秒鐘，入馬鈴薯丁炒約 20 秒鐘，再加入胡蘿蔔和巴西力末，繼續再炒 20 秒鐘，加素高湯 4 杯，蓋過鍋中材料。加入鹽和胡椒粉，改小火，蓋上鍋蓋，燜 30~40 分鐘備用。
4. 另置一小鍋將豆漿加熱，略攪拌以防粘鍋底。
5. 將步驟 3.分次入果汁機，打成糊狀，再加入步驟 4. 混合，撒上香菜點綴即成。

材　料：
胡蘿蔔 1 磅
馬鈴薯大型 1 顆
芹菜莖 1 根
洋菇 1/2 杯

調味料：
薑末 1 大匙
百里香(Thyme)1/2 茶匙
鹽 2 茶匙
胡椒粉適量
原味豆漿 2 杯
橄欖油 2 大匙
巴西力末 1 大匙
香菜少許
素高湯 4 杯

食主義不只是正確的道路，它是一件值得當眾高聲喝采的事！

——李奧納多狄卡皮歐

清新味噌湯

(日式)(4 人份)

步　驟：　1. 每個小蘿蔔洗淨，切 8 片，上頭的蘿蔔嬰留 1 公分
　　　　　　長，其餘切掉備用。
　　　　　2. 油豆腐用開水燙 1 分鐘，撈起瀝乾，切三角型備用。
　　　　　3. 蘿蔔嬰少許，切丁備用。
　　　　　4. 鍋中入水 3 杯燒開，將步驟 1.放入，煮約 3 分鐘，
　　　　　　再入味噌調味，起鍋前 1 分鐘入步驟 2.，煮滾後，
　　　　　　下蘿蔔嬰即可。

變　化：　　剩餘的蘿蔔嬰，可醃成雪裡紅用。

分　享：　　日本甜白蘿蔔(kabu)的味道與一般蘿蔔不同，而且很
　　　　　　甜。

材　料：
小蘿蔔(kabu)4 個
油豆腐 4 塊

調味料：
味噌 2 茶匙

惟仁德才能永遠屹立不搖。

——荷馬

關東煮

(日式) (6 人份)

步　驟：
1. 白蘿蔔洗淨，去皮，切大滾刀塊備用。
2. 蒟蒻切滾刀厚片。
3. 海帶泡水，切 7 公分長，用烏醋煮 30 分鐘，包入豆腐餡，用綿繩綁好備用。
4. 高麗菜泡水，洗淨，整顆入滾水中燙軟，取出待涼後，撥一片一片，削平硬梗備用。
5. 取高麗菜一葉，包入豆腐餡，用綿繩綁好備用。
6. 鍋內放水 2 碗，加入醬油、冰糖、油少許，將步驟 1.倒入，以中火煮 1 小時，續入海帶卷及高麗菜卷，再用小火煮 20 分鐘，取出切塊即成。
7. 將步驟 6.所剩餘的湯汁，加入適量的素高湯(見法界食譜 1《菜根飄香》16 頁)，即可乾食、濕食兩用。

變　化：　可加入油豆腐及自己喜歡的材料。

材　料：
白蘿蔔 1 條
蒟蒻 1 塊
海帶數片
高麗菜小型 1 顆
豆腐餡(作法，見本書 111 頁
・苦瓜豆腐釀)適量

調味料：
醬油 1/2 杯
冰糖 1 小塊
油 1 大匙
素食烏醋 1 大匙

對於肉食，我們可以視為是一種剝奪動物生命而得來的飲食，為了將牠們做成食物，我們大大的違反了仁愛和慈悲的原則。

——大衛‧哈特萊(David Hartley)

牛蒡花生湯

(中式) (6 人份)

步　驟： 1. 花生泡水 1 夜；牛蒡去皮，切滾刀塊備用。
2. 鍋中放水 10 杯，下步驟 1.，煮開後改小火，煮 1 小時 30 分鐘，下調味料即成。

分　享： 《本草綱目》中詳載：牛蒡性溫、味甘無毒，通十二經脈、除五臟惡氣，久服輕身耐老。有清熱、解毒、祛濕、健脾、開胃、通便、補腎、益氣、降壓、防中風之功效。脾虛便溏者禁服。

材　料：
牛蒡 1 磅
花生 1 杯

調味料：
冰糖 1 小塊
鹽 1 茶匙

疾病之由，多從殺生中來，故偏重放生也。

——蓮池大師

風味羹湯

(中式)(6 人份)

步　驟： 1. 將素魚翅泡到軟備用。
2. 大白菜洗淨，切絲。劍筍撕成絲。香菇洗淨，切絲。
金針菇洗淨備用。
3. 全部材料下鍋，加水適量，一起煮熟，最後放入豆
皮就可勾芡。
4. 起鍋後，才放所有的調味料及香油、香菜。

變　化： 此法可用不同的材料，即成不同的羹湯。

叮　嚀： 羹湯煮法都是起鍋後，才放所有的調味料及香油、
香菜。

材　料：
乾素魚翅 20 公克
大白菜(小型)1 顆
香菇 3 朵
劍筍 1/3 杯
金針菇 1 包
新鮮腐皮、香菜、薑絲
適量

調味料：
麻油 1 茶匙
醬油膏 3 大匙
冰糖 1 小塊
鹽 2 茶匙
素食烏醋約 3 大匙

只要人不停止摧殘低等級的生靈，他就永遠得不到健康與
和諧。

——畢達哥拉斯

西紅柿腐丸湯

步　驟：
1. 番茄洗淨、切塊。豆芽菜汆燙。鍋中放油，下番茄炒至出水，加水 4 碗煮開備用。
2. 豆腐捏碎，加麵筋粉及醬油、糖少許混合，捏成 2 個備用。
3. 將步驟 2.放入步驟 1.中，用中火煮至豆腐丸浮起，加入醬油、冰糖、豆瓣醬 1 杯備用。
4. 將米粉燙熟，沖冷水備用。
5. 碗中放適量米粉、豆芽菜，加入步驟 3.，撒上胡椒粉、薄荷葉、九層塔各少許即可。

材　料：
番茄(西紅柿)5 顆
豆腐 1 盒
麵筋粉 2 大匙
米粉(粗)1 包
豆芽菜適量

調味料：
冰糖 1 小塊
醬油 1 大匙
胡椒粉適量
豆瓣醬 1 杯
薄荷葉、九層塔適量

說也奇怪，近來人們自外表上看來都比實足年齡為老，我想這或許是因為人們不像我一樣吃素，而猛食動物殘骸及牛飲抗生物質的結果吧！

——蕭伯納

苦瓜豆腐釀

(越式) (6 人份)

步 驟： 1. 苦瓜洗淨，切約 3 公分長，去籽中空備用。

2. 豆腐用沙布包好，擠掉水份(不要太乾)備用。

3. 冬粉泡水，瀝乾水份，切小段。黑木耳絲，泡水，洗淨切碎備用。

4. 將步驟 2.3.混合均勻，加入胡蘿蔔丁、鹽、糖、醬油膏 1 茶匙、油、胡椒粉拌勻後，再慢慢撒上麵筋粉，拌均勻備用。

5. 將步驟 4.的餡料，逐一填入苦瓜內，全部完成後，入蒸鍋中蒸 30 分鐘備用。

6. 鍋中入水，蓋過苦瓜，放入所剩餘的醬油膏、冰糖、油 1 大匙煮開，接著放入步驟 5.，再煮 20 分鐘即可。

變 化： 苦瓜丸蒸好後，可用地瓜粉芶芡淋上，加少許麻油，又是一道可口的菜餚。

材 料：

苦瓜 2 條

碎豆腐 1/2 杯

冬粉 1/2 杯

黑木耳絲 1/2 杯

胡蘿蔔丁 1/3 杯

調味料：

油 1 大匙 (用於湯內)

麵筋粉 1/3 杯

鹽 1 茶匙

糖 1 茶匙

醬油膏 2 大匙

油 1 茶匙(用於餡內)

胡椒粉適量

冰糖 1 小塊

我在年輕時候便開始吃素，我相信有那麼一天，所有的人類會以他們現在看待人類互相殘殺的心態，來看待謀殺動物的行為。

——達文西

濃郁酸湯

(越式)(4~5 人份)

步　驟：
1. 茴蒙洗淨，撕去皮，切片。鳳梨去皮，切片。豆腐、番茄切塊。香茅拍扁，切段。越南香菜切碎備用。
2. 鍋中入油少許，放香茅炒香，再放鳳梨、番茄，鹽、冰糖略炒備用。
3. 鍋中放水 3 杯煮開，將步驟 2.倒入，煮 5 分鐘後，下豆腐、茴蒙、秋葵，起鍋時，放豆芽菜、檸檬汁、越南香菜即可。

變　化：　越南香菜可用九層塔代替。

分　享：
1. 茴蒙(越南菜)是一種長的很像芋頭莖的植物，但非芋頭莖，在越南超市可購得。
2. 越南人士用此湯，加大量辣椒，治感冒及中暑。

材　料：
豆腐 1/2 盒
茴蒙 1 盒
番茄 2 顆
豆芽菜隨意
鳳梨 1/4 顆
香茅 2 支
秋葵隨意
檸檬 1 顆
越南香菜 2 種

調味料：
油 1 大匙
鹽 2 茶匙
冰糖 1 小塊

茴蒙

香茅

哭泣的牛

我年輕的時候，因為好奇心，喜歡到處走走看看。有一次，在鄉間看到牛被殺的過程……

牛，是有靈性的，當人動念要殺牠時，在牛棚的牠就已經感受到了，所以牛主去牛棚牽牠時，牠是不願出來的。牛主就鞭牠、打牠，牠受不了了，才不得不出來。這時牠移動著緩慢遲鈍的步伐，大顆大顆的眼淚不斷地滴下來，一面嗚哭，那種悲嚎的音聲，就好像在哭著喊：「媽呀！媽呀！」而牛主無視於這一切，還是不停地鞭打牠，催促牠快走。

來到了屠宰場，牛主更加鞭牠、打牠，強迫牠跪下。牠前腿先跪下，當後腿也跪下後，牛主就將兩條後腿綁上。牠知道時日到了，仰天長哭，就在牠這一仰的時候，屠夫一刀刺進牠的喉嚨……

那種情況，真是太可憐、太悽慘了，所以我從此不吃牛肉！

——金婆婆口述

114

幸福糕點

日式、西式，還是中式？
都是充滿了濃濃郁郁的幸福好滋味！
好滿足！！

問：我們是不是應該避免使用皮包、皮鞋及各種皮貨？那
也是間接殺生。

宣化上人：是的！

和風煎餅

(日式) (4~5 人份)

步　驟： 1. 高麗菜、胡蘿蔔洗淨，切短絲，洋菇切粗絲混合，分成二份備用。
2. 山藥去皮磨成泥備用。
3. 將麵粉、山藥泥、水倒入盆內，加入調味料油、鹽、胡椒粉，以順時鐘方向攪拌約 5 分鐘，分成二份備用。
4. 取步驟 3.一份，加步驟 1.一份，拌勻備用。
5. 平底鍋放少許油，倒入步驟 4.麵糊，以小火煎。定型後，撒上紅薑末，翻面，加蓋煎 3 分鐘再開蓋，改中火再煎，邊煎邊壓，酥透即可。
6. 將步驟 5.移入盤內，擠入芥末、無蛋美奶滋，撒上海苔粉即成。

叮　嚀： 1. 煎此餅厚較好吃。
2. 紅薑為日製醃漬品，可於超市購得。

變　化： 可將芥末改為番茄醬。

材　料：
麵粉 1 又 1/2 杯
山藥泥 1/2 杯
水 1 杯
高麗菜 1/4 顆
胡蘿蔔 1 條
洋菇隨意

調味料：
油 1 大匙
鹽 1 又 1/2 茶匙
胡椒粉、芥末、無蛋美奶滋、海苔粉、紅薑各少許

先修長壽之心，才做長壽之人。

——諺語

大阪燒

(日式) (6 人份)

步　驟：
1. 將高麗菜、南瓜、鴻禧菇、新鮮香菇、敏豆洗淨，切絲備用。
2. 發芽黃豆(非基因改造)加少許水，入電鍋蒸熟，打成泥。混入所有材料調成麵糊狀，需等發到三分之一高備用。
3. 平底鍋放少許油，放入步驟 2.麵糊，以小火煎，蓋上鍋蓋，煎至兩面金黃即可。
4. 將煎好的大阪燒移入盤內，先抹上醬油膏，擠上無蛋美奶滋，撒上綜合香草、混合香料、七味唐辛子、味島香鬆即成。

叮　嚀：
1. 煎此餅，厚較好吃。煎時，切勿壓扁，保持鬆軟，食用時口感較佳。
2. 七味唐辛子(唐辛子、陳皮、黑芝麻、白芝麻、青海苔、紫蘇、麻實)是辣味，若不敢吃辣的人，不要撒上，可在一般超市購買。
3. City'super混合香料(芫荽、肉桂、薑、丁香、芥末、茴香荳蔻、肉荳蔻)，台灣可在 Sogo 超市買到。
4. 綜合香草末(百里香、月桂葉、茵陳蒿、披薩草、洋香葉、羅勒)可在一般超市購買。

變　化：　材料除了高麗菜，其他都可改放自己喜歡的食材。

材　料：
綜合雜糧麵粉 2 杯
泡打粉 1 茶匙
發芽豆漿泥 1 杯
水適量(視豆漿泥)
高麗菜絲 2 杯
南瓜絲 1 杯
鴻禧菇 1 杯
新鮮香菇 1 杯
敏豆 1/2 杯
玉米粒 1/2 杯

調味料：
油少許、油膏、味島香鬆
七味唐辛子、綜合香草、
無蛋美奶滋、City'super 混合香料

對 於因為道德原因而吃素的人來説，世界上已有足夠的食
物，不必再去殺動物來吃。
——羅柏特史威格(Robert Sweetgal)，超長距離競走運動員

創意漢堡包

(中式) (1 人份)

步　驟：
1. 將漢堡圓片(作法見《君康素菜》94頁)切片，入鍋內，煎好備用。
2. 漢堡包一個打開，放入無蛋美奶滋、生菜，取步驟 1.一片、番茄 1 片、小黃瓜 2 片疊上即可。

叮　嚀：　漢堡圓片的上下，需抹上無蛋美奶滋才不會太乾。

分　享：　聯合國政府間氣候變化專門委員會的負責人帕喬裏博士(諾貝爾和平獎得主)，曾在許多場合談到生產肉食和全球暖化之間的關係，他表示最快速阻止氣候變化的方法就是「食素」。

材　料：
番茄 1 片
小黃瓜 2 片
生菜少許
油少許

調味料：
無蛋美奶滋適量

你所能做的最有影響力的事，就是減少肉食，或完全停止吃肉。

——揚斯·荷姆，瑞典議員

精緻河粉卷

(中式) (5 條份)

步　驟：　1. 紅蘿蔔及四季豆先燙過,漂涼待用。
　　　　　2. 煮好的紅蘿蔔及醃漬黃蘿蔔切條備用(大小隨意)。
　　　　　3. 攤開新鮮河粉皮 1 張,放入紫菜皮 1 張,翻面,再放無蛋美奶滋(隨意),後放入素鬆(隨意)、紅蘿蔔 1 條、四季豆 4 根(前後排列)、黃蘿蔔 1 條,捲緊,切塊即成。

叮　嚀：　河粉皮要買當天新鮮的,不要放隔夜:隔夜會變硬,效果不佳。

材　料：
厚河粉皮 5 張
紅蘿蔔 2 條
四季豆 20 根
醃漬黃蘿蔔 1 條
無蛋美奶滋
素鬆(隨意)
紫菜皮 5 張

我在很小的時候就發誓再也不吃肉了。總有一天，人們將
視殺生如同殺人。

——達芬奇

烤紅豆年糕

(中式) (1 長盤量)

步　驟：　1. 將材料 A.全部置一鋼盆中，混合備用。

　　　　　2. 將材料 B.之黃糖、奶油、香草精一起混合均勻，後加入椰奶備用。

　　　　　3. 將步驟 1.2.混合，續入材料 C.，拌勻備用。

　　　　　4. 烤箱預熱 350 度，烤盤抹油，撒上少許麵粉，再將步驟 3.倒入，入烤箱，烤 40 分鐘後取出，撒上碎核桃及椰絲，再烤約 10 分鐘，用牙籤測試，不粘生料即成。

分　享：　我們人和天地間都通著的，你儘存殺心，對一切眾生你不戒殺，眾生對你也沒有好感；你若愛惜眾生，眾生對你也好。所以這都有一種互相的關係。

　　　　　　　　　　　　　　　　　　　　──宣化上人

材　料：

A.糯米粉 1 包、蘇打粉 1 茶匙、泡打粉 1 茶匙、葡萄乾 2/3 杯

B.椰奶 3 杯、奶油 1/2 杯、黃糖(二砂)1/2 杯、香草精 1 茶匙

C.煮熟小紅豆粒 1 杯

D.碎核桃、椰絲適量

如果美國肉類生產量降低百分之十，省下來的糧食可以用來養活每年餓死的六千萬人。

——梅爾，哈佛營養學家

紅莓香蕉 (MUFFIN)

(西式) (約 8 個)

材　料：

香蕉 3 條中型(熟的)
低筋麵粉 2 杯
糖 1/2 杯
油 1/2 杯
蘇打粉 1 茶匙
紅莓、堅果隨意

步　驟：
1. 香蕉加水 1 大匙，打成泥備用。
2. 將糖、油、用攪拌器打發，入步驟 1.混和備用。
3. 低筋麵粉、蘇打粉過篩，加入步驟 2.中，先拌勻，後入紅莓及堅果，再打勻。
4. 烤杯中裝九分滿的步驟 3.，入烤箱以 375 度，烤約 20 分鐘，用牙籤測試，不粘生料即成。

變　化：　可將紅莓改成藍莓即成藍莓 Muffin。

叮　嚀：　每台烤箱溫度不同，成品烤好時，可取牙籤從旁插入，取出時如果不粘牙籤即熟。

凡是對眾生有利益的事，盡力而為之，這是修福。

——宣化上人

藍莓核桃餅

(西式) (約 60 個)

步　驟：
1. 奶油先解凍，加入糖，打勻備用。
2. 將藍莓乾果、核桃入步驟 1.拌勻。
3. 續將材料 B.(低筋麵粉、蘇打粉先拌勻)再入步驟 2.中，加水拌勻，作成圓筒長條狀。
4. 將步驟 3.放入冰箱冷凍庫，冰 40 分鐘，取出切片，置烤盤上(烤盤不需抹油)，入烤箱中以 350 度烤至金黃色即可。

變　化：　可用不同的水果乾及不同的堅果。

叮　嚀：　烤的距離要排寬一點，因為餅乾會脹大。

材　料：

A.藍莓乾 1/2 杯
　核桃 1/2 杯
　奶油 4 小條(即 1 盒)
　糖 2 又 1/2 杯

B.低筋麵粉 7 杯
　蘇打粉 1 茶匙
　水 1/2 杯

勤二儉三節約，全家老少幸福多。

——古云

胡蘿蔔素糕

(西式) (1 盤量)

材　料：

胡蘿蔔絲 1 杯
葡萄乾 1/2 杯
蜜棗 1/2 杯
奶油 3 大匙
麵粉 2 杯
碎核桃 1 杯
肉桂粉少許
蘋果醬 2 大匙
水 1 又 1/2 杯

調味料：

糖 1/2 杯
多香果粉 1 又 1/2 茶匙
多香果粉：Allspice
蘇打粉 2 茶匙
泡打粉 1/2 茶匙
鹽少許

步　驟：

1. 烤箱預熱 350 度，烤盤刷油後，撒上麵粉備用。
2. 將胡蘿蔔絲、葡萄乾、蜜棗、肉桂粉、水及糖，入鍋中，煮滾後，改用小火煮 5 分鐘，待溫涼備用。
3. 將步驟 2.放置容器中，倒入麵粉(過篩)，加入所有調味料(除糖外)及奶油混合，最後放入碎核桃、蘋果醬拌勻，倒入烤盤內烤 45 分鐘即可。

分　享：

多香果粉又稱丁香胡椒，或牙買加胡椒，彷彿混合了胡椒、肉桂、荳蔻杜松子、丁香等香料的香氣而得名，可幫助消化。適合添加於湯類，或蔬菜等燉燜食品之烹調。加入素糕或果醬中，可增添其風味。孕婦、餵食母乳的媽媽不適合大量單獨食用，但可加入食物中少量食用。

我願自由漫步鄉間的牛羊不再成為刀下亡魂！上帝憐憫我，
我也學習憐憫眾生！

——喬治·蕭伯納

釀酥皮卷

(西式)(2 條量)

A 餡料：　　　洋菇燙水切丁，將所有的材料，加調味料炒熟備用。

B 酥皮作法：
1. 將高、低筋麵粉、鹽、水、油2大匙混合攪拌成糰，揉搓至稍有筋性，撒上少許麵粉，用保鮮膜包好，放入冰箱鬆弛20分鐘。
2. 將 1.擀成方型，包入稍解凍奶油 1/2 條，上下撒上些麵粉，用手將麵糰壓平，後擀成長方型，再摺成三摺， 用保鮮膜蓋好，放入冰箱鬆弛約 10 分鐘，再重複一次將麵糰壓平，後擀成長方型，再摺成三摺，用保鮮膜蓋好鬆弛約 10 分鐘備用。
3. 將步驟 2.分成二份，取一份擀成方型，包入餡料一份，將兩邊的口封緊備用。
4. 烤箱開 375 度，將烤盤鋪上烤紙，將步驟 3.的酥餅放入，刷上油，撒上少許芝麻，切幾個刀口，烤約 20 分鐘即成。

叮　嚀：
素叉燒做法——
麵筋條對切(不要切斷)，醃入醬油膏待入味後，刷上糖漿，入烤箱烤稍乾取出，再重複刷上醬油膏、糖漿再烤，重複 3 次即可。
市面上有做好的冷凍酥皮可買。

調味料：
鹽 1 茶匙、胡椒粉 1 茶匙、醬油膏 1 大匙、
白醋 2 茶匙、麻油等隨意

材　料：

A.餡的部份——
洋菇 10 個
素叉燒 1 杯
冷凍胡蘿蔔丁 1/2 杯
冷凍薯條丁 1/2 杯
冷凍青豆仁、油少許

B.酥皮部份——
高筋麵粉 100 公克
低筋麵粉 100 公克
鹽 3 公克
奶油 1/2 條
油 2 大匙
芝麻少許
水 3/4 杯

放生因緣，非小善之所能比。凡我同願，宜廣行勸勉，善令群生同歸悲化。

——拾得大師

萬聖南瓜糕

(西式) (1 盤量)

步　驟：
1. 南瓜去皮、去籽，切粗絲，蒸熟待涼備用。
2. 混合全部的材料，倒入抹油的烤盤，以 350 度烤 40 分鐘即可。

叮　嚀：　美國萬聖節新鮮南瓜，可於萬聖節前後購買儲存。去皮、去籽，切粗絲，蒸熟放涼，分袋裝好置冷凍庫，隨時可用。

分　享：　我自 1995 年成為純素食者，至今已超過 14 年。因此，我一直非常健康。我有充足的精力，頭腦清晰。我發現我的健康與我的飲食選擇是分不開的。
　　　　　　——美國眾議員丹尼斯・庫奇尼奇

材　料：
萬聖節南瓜絲 2 杯
油 1 杯
麵粉 3 又 1/2 杯
黃糖 1 杯
碎冰糖 1 杯
荳蔻粉 (nutmeg) 1/2 茶匙
肉桂粉 1/2 茶匙
蘇打粉 2 茶匙
香草精 1 茶匙
水 1 又 1/2 杯

素食是生活、運動和健康的明智之選，它給了我極大的能量和精力，不只這個，實際上素食使我保持最佳的體力和競爭狀態。

——羅伯・米勒(Robert Millar)荷蘭世界頂級自行車手

夏威夷果餅

(西式) (約 35~40 個)

步　驟：
1. 將材料 A.混合備用。
2. 將材料 B.混合備用。
3. 將步驟 1.2.混合拌勻，捏小圓糰放置烤盤中，以 375 度烤約 10 分鐘，呈淡棕色即可。(因餅乾會膨脹，故每個必需有間隔)

分　享：
吃素後，你的身體會被洗滌乾淨，你的心靈意識會更加清楚，你和周遭的環境會更加貼近；你將能夠昇華到另一個境界，超脫原來只是為了營養層面而吃素，開始回顧及思考：我們到底為什麼要殘殺這些動物呢？

—— 史碧絲・威廉士(Spice Williams)

p.s.
材料 B.中的麥麵粉是由白麵粉加入少許全麥麵粉。

材　料：

A.糖 1 杯
　奶油 1/2 杯
　油 1/2 杯
　香草精 2 茶匙

B.麥麵粉 3 杯
　蘇打粉 1 又 1/2 茶匙
　鹽 1 茶匙
　夏威夷果 1 杯
　白巧克力丁 1 包(11 盎司)
　蔓越莓乾 1/2 杯

成千上萬人說他們愛動物，但每天坐下來一兩次享受動物
的血肉。
　　──珍·古德博士
　　　（世界著名靈長類動物學家、作家、聯合國和平大使）

軟Q杏桃凍

步　驟：
1. 取杏桃果汁備用。
2. 蒟蒻果凍粉與糖混合均勻備用。
3. 將熱開水，倒入步驟 2.中，攪拌至完全溶解備用。
4. 將步驟 1.倒入步驟 3.內，可加入少許果肉，裝入果凍杯中，冷卻凝結後即可。

分　享：　春省酸增甘以養脾氣，夏省苦增辛以養肺氣，長夏省甘增鹹以養腎氣，秋省辛增酸以養肝氣，冬省鹹增苦以養心氣。

　　　　　　　　　　　　　　　　──孫思邈《千金方》

材　料：
杏桃果汁 1 碗
糖隨意
蒟蒻果凍粉 3 大匙
熱開水 4 碗(8 分滿)

戒殺放生，得長壽報；又戒殺放生，可解怨釋結，長養悲
心，潤菩提種。

——《契經》

滿意杏桃派

(西式) (1 圓盤量)

步　驟：
1. 新鮮杏桃洗淨，去核，切碎，加水蒸軟備用。
2. 洋菜泡水 30 分鐘，瀝乾，切碎備用。
3. 將步驟 1.取出，移至瓦斯爐上，加入冰糖、洋菜，煮成濃醬備用(如果濃度不夠，可用少許玉米粉芶芡)。
4. 將派皮擀成一大張，放入圓型烤盤內，用叉子叉洞，再將步驟 3.鋪上備用。
5. 將剩餘的皮擀成長方型，用花刀切 0.5 公分長條，一條一條斜鋪在步驟 4.上，入烤箱 350 度烤至派皮呈金黃色即可。

派皮材料： 中筋麵粉 2 又 1/2 杯、糖 1 茶匙、鹽 1/2 茶匙、奶油 3/4 杯、冷水 1/3 杯、冰水 2 大匙。

派皮作法： 將奶油揉入麵粉中，續入 1/3 杯冷水揉勻，再慢慢加入含有鹽及糖的冰水，揉成麵糰即可。

叮　嚀： 醬煮至濃稠時會焦底，需不停地攪拌。

材　料：
新鮮杏桃 1 磅
洋菜 50 公克
糖適量

調味料：
冰糖、鹽少許

有智慧，無論什麼問題都能迎刃而解；沒有智慧，處處都是障礙。

——宣化上人

素心披薩 (pizza)

(西式) (1 圓盤量)

步　驟：

1. 基本發麵(見法界食譜 1《菜根飄香》22 頁)，將麵糰擀平放入烤盤中(抹上油撒入一些麵粉)，麵皮用叉子叉洞，入 350 度烤箱，烤 10 分鐘取出備用。
2. 番茄洗淨，切丁，入鍋鍋中，加薑末，以小火煮成泥(不用加水)；下番茄醬及黑胡椒、義大利香料，煮稠苟芡備用。
3. 青椒、紅椒洗淨，切粗絲。洋菇切片。黑橄欖切半備用。
4. 將步驟 1.鋪上步驟 2.，再排上步驟 3.及鳳梨丁，最後撒上起司，入烤箱 375 度烤熟即成。(豆腐起司烤時不會融化)

材　料：

青椒 1/2 個
紅椒 1/2 個
黑橄欖少許
豆腐起司適量、
熟鳳梨丁適量
洋菇 10 個
番茄 2 個
薑末 1 大匙、
麵粉 2 杯、
泡打粉 1 茶匙

調味料：

番茄濃醬(paste)1 罐
義大利香料(Italian seasoning)、糖、鹽隨意

關於利用動物進行醫學和生物試驗，對有感知的生命進行系統的折磨，無論是以何種藉口、何種形式，都不能獲得一絲一毫的好處。

——《地球生靈》

可麗餅

(西式)

步　驟：
1. 取一鋼盆，混合所有材料(橄欖油除外)，用攪拌器攪拌至光滑、無塊狀物，略略起泡；蓋上，放入冰箱30分鐘。
2. 平底鍋以中火加熱，直到水珠在鍋中跳動。鍋面用紙巾蘸油，塗上薄薄的一層油，倒入 1/4~1/2 杯的麵糊在煎鍋中央，或者將鍋提起，微微傾斜，圓周晃動；或者用湯勺的背面快速鋪展麵糊。當邊緣開始變脆黃，略略翹起時，用鏟子翻面，直到變成金黃色(每一面大約 15-20 秒)，從鍋中盛出；重複同樣的過程，直到麵糊用完即成。

變　化：
1. 甜餡料——
可用水果蜜餞(草莓、蔓越莓、桃子等)，也可用香蕉片或其他水果。也可撒上糖粉、肉桂粉、荳蔻粉，也可再塗上鮮奶油或冰淇淋。
2. 鹹餡料——
可用炒好的蔬菜做餡，如a.菠菜(可配奶酪)或b.蘆筍、洋菇和九層塔等。

材　　料：
豆漿 1/2 杯
水 2/3 杯
融化的奶油 1/4 杯(Earth Balance)
麵粉 1 杯
橄欖油 1 大匙
蘇打粉 1/4 茶匙

調味料：
鹽 1/4 茶匙
糖 3 大匙

1936年盧雲老和尚為白狐授皈依

一個真實的故事

吃素的白狐狸

宣化上人

為什麼要放生呢？因為放生、不殺生這是佛教的一種慈悲心。所謂「今生不籠鳥，來生就不坐監」，你看那坐監獄的人，他為什麼坐監獄呢？就因為他養鳥，把鳥圈到籠子裏，不讓牠出去，所以將來就受果報，自己也坐到監獄裏，政府也不叫他出去。

虛雲老和尚在南華寺時，有隻白狐狸。這白狐狸比狗更聰明，並且還能未卜先知，不要算，牠就知道這個事情怎麼樣子。牠還有神通，什麼事情沒有來牠就知道了；不像這狗，牠不知道的。這白狐狸原來是在廣州有一個人養牠，養牠這個人怎麼樣呢？牠就使這個人坐監獄。以後，就有人告訴坐監獄這個人，他養這狐狸在家裏，不放開牠，所以他就去坐監獄，也好像這狐狸在他家裏被人養著一樣。於是就教他把狐狸送到南華寺去放生。

本來這狐狸怕人的，牠不接近人的。這隻因為是被放生的，牠也不怕人，就好像狗一樣。在廟上牠也吃齋，雖然吃齋，這隻狐狸還是不太聰明；有的時候牠什麼地方都大便。因為牠各處都大便，廟上的和尚就很討厭牠了：「這個畜牲太不守規矩了，不守常住的規矩，應該遷牠單。」就罵牠一頓，狐狸就發了脾氣，就跑了。

跑到外面去，因為牠吃素，也沒東西吃，成天在山上各處跑。有一天，又看見老和尚，牠就叫，那麼老和尚又叫牠回來：「你還是回去嘍！」回來，老和尚就叫所有的和尚不要對牠那麼不客氣，對牠好一點。所有的和尚因為牠跑了後，沒東西吃，回來，大家也都很可憐牠，就原諒牠了。

那麼，牠常常在廟上吃東西，吃完了，就各處跑，常常跑到山上玩。晚間就回來，到方丈寮和老和尚一起，就好像自己養的狗一樣。有一天，牠被車給碰了，碰得很厲害，就死了。那麼牠死了，老和尚就給牠說法：「這個臭皮囊你不要愛惜，你現在把這個臭皮囊放下了，將來會往生極樂世界，再不受輪迴的苦。」

最悽慘、最受虐待
最被遺忘的一群!

食肉,是一種殘害動物的暴力行為;我們可以選擇
不吃肉、不喝牛奶,不去佔動物的便宜。

基因鮑爾先生(Mr. Gene Baur)‧ 2009 年 3 月 30 日講於萬佛聖
城大殿
中譯:金剛菩提海雜誌社

動物是朋友而非食物

很榮幸能來到這兒。回溯至 1986 年,當我們開始經營動物保護區的時
候,我實在不太了解這些農場動物是怎麼被對待的;所以我開始造訪農
場,發現了那些被飼養來做食物的牛、豬和其他動物的第一手資訊。在
某些狀況下,有的動物是活生生地被丟在垃圾箱裏面,或者混在一堆死
的動物裏頭等死;所以我們就開始拯救牠們,把牠們帶回家照顧。我們
現在有兩個農場,一個在紐約州,另外一個在加州的奧里蘭。動物可以
在這個地方活到自然死亡,因此它不但是個動物保護區,也是一個愛護
動物者的保護區。在我們農場(動物保護區)裏,動物是朋友而非食物。
我們試圖重塑牛、豬和其他動物是社會一份子的觀念,因為牠們一直只
被看做要被宰來吃的肉。

往往動物第一次抵達農場(動物保護區)時，牠們都很驚嚇；因為牠們都早已認知，牠們只能活到被宰殺為止的這種宿命。有時候牠們被關在非常小的籠子裏面，甚至無法轉身。舉個例子，譬如牠們是用來生產雞蛋的雞，那牠們的翅膀甚至永遠都沒有機會伸展；只能不停地摩擦籠子的鐵棍，致使身上有很多受傷的地方。起初牠們非常害怕人，後來由於受到慈愛的照顧，牠們學會再度信任人，也變得很友善。當動物的生活開始改變重塑之際，我們人的生活也同樣改變了。能看到由害怕轉變成同情、慈悲、瞭解和和平，這是一件美好的事——這就是動物保護區所要戮力創造的。

在這個動物保護區裏面，我們特別著重保護的對象是一般農場生產的動物；因為在我們這個世界上，牠們是最悽慘、最受虐待的，也是最被遺忘的一群；牠們被忽視了！因此當這些動物被忽視之時，同樣地這種忽略也反應在我們人類的身上。殘殺動物固然對動物不好，但是也對我們不好；當你去那些農場，除了看到生病和不健康的動物，也會看到在農場那些人也是很不快樂的——所以這整個體制就是我們試圖想改善的。

被當作貨品看待的動物

根本的問題在於這些動物並不被看做是有情生物；牠們被看做貨物，屬於生產的一種單元，只是一塊肉。在我去參觀這些農場的儲貨場時，看到這些動物非常害怕，牠們害怕的這種神情表現在牠們的眼睛裏；而農

場和屠宰場的工作人員並不去看這些動物的眼睛，他們看不到牠們的害怕和痛苦。牠們生活在一個不被當作有情生物的境遇中；換言之，農場的工作人員通常只去看這些動物的身體部分，他們直接看著牠們身上的肌肉——那是將來要被割下來擺在市場上賣的肉。

所以，這就是不尊重動物的感情。在這些把有情生命當貨品賣的地方，生物只被當作商品。若以這樣忽視的態度來對待其他動物，這種忽視態度會擴大：結果會關閉我們的心，影響到環境，還會擴大到不尊重其他的人。今天我們有一個虐待動物的系統，整個環境也受到污染，員工被忽略，有病的肉類被賣給消費者。在美國把有病的動物擺到市場做食物賣是合法的，雖然我們曾試著去告美國食品局以期防堵，可是卻沒辦法防止這種事，所以把有病的肉類當食物賣還是被准許的。對那些不尊重動物也不尊重消費者的人而言，他們買了這些污染的食品，自己因此也生病了。

永遠都沒有機會伸展翅膀的肉雞

在美國，每一年被送往屠宰場的最大宗的物品是肉雞。在美國和整個世界上，所飼養的雞分為兩種，肉雞和蛋雞。肉雞已藉由基因改造，被餵養成兩倍大，養起來也比一般的雞快兩倍；而蛋雞藉由基因改造，被餵養成能夠生很多蛋，所以牠們不會長得很大，也不會長得很快。因此在雞蛋孵化場，他們就只孵育生蛋的母雞。雞卵孵出來的雞是有公的和母的。母的被養大成生蛋的母雞，牠們生活在一個叫做「電池盒」的小籠子裏面，每隻母雞之間的距離比筆記本的一張紙頭還要小。牠們被關在籠子裏大約一年以後，牠們蛋的生產量減少，就被殺了。而公雞既永遠不會生蛋，又長不大也長不快，所以牠們從蛋裏孵出來的那一天，事實上就被殺掉了。我曾經在雞蛋孵化場的垃圾箱，看到成千上萬才出生就被遺棄的公雞；有時我也看過這些雞被丟進肥料再製機，去再製成農場的肥料。

肉雞被養得又快又大，以致牠們的心臟跟肺有時就無法負荷這種成長速度，每一年有幾百萬隻雞在兩個星期大就死於心臟病。可是對他們的工業來講還是有賺頭的，因為他們每年要養超過九十億隻肉雞；如果你有幾十億長得比普通雞快兩倍的肉雞，每年失去幾百萬、甚至幾億隻雞，還是有利潤的。

一輩子在板條箱的豬

在美國每年有一百億隻農場動物被飼養和屠殺，其中就有九十五億是雞，但是包括豬在內的其他動物同樣過得很悽慘。豬都被關在室內，站在水泥地上；從來沒有辦法做豬通常愛做的事，去接觸外面的大自然和土壤。這些動物不被允許做牠們自己天生的習性：如果牠們是草原動物，牠們不許可到外面去吃草；如果牠們是雞或其他鳥類，牠們不許可接觸土壤、棲立樹上或像普通雞或鳥一般棲息。就拿豬來說，牠們不被允許和其他的豬接觸。在自然的環境下，當豬生產時，會築一個窩，母豬就一次養大一群小豬。

可是在今日這種工業生產的豬寮裏面，在母豬生產前，他們把母豬挪到另一個稍微寬敞的板條箱，以便旁邊可以容納小豬，因此母豬和小豬們從來沒有機會自然的相處。小小豬生下來才三個禮拜，就被拿走；而母豬又重新懷孕，回到另一個兩尺寬的板條箱去。所以，牠的一輩子就在懷孕待產期的板條箱和擁擠的板條箱之間挪移；母豬不斷地來來回回板條箱之間，這樣子生活了幾年。牠從未有機會站在土壤上，也從未有機會過豬想過的生活方式；牠從未有機會在池塘裏打滾，或者做任何豬通常會做的事。那這樣子幾年以後，牠也就沒有辦法再生了，就被殺死了，這是很可悲的事實。大部份工業國家的農場動物，其自然的根本習性都被抹殺掉了，牠們只被當作貨品看待。

152

被累垮的乳牛

乳牛也是遭受了很大的痛苦來生產牛奶。為了要一頭母牛生產牛奶，母牛必須不斷的懷孕以便生小牛。如果生下來的小牛是母的，就會被養大來做乳牛；如果小牛是公的，那對奶製品工業就沒有用處。這些小公牛往往被從奶製品農場帶走，為了做牛犢肉而來養大。牛犢肉這種產品，事實上是為了剝削那些大量出生在奶製品農場而無法可用的小牛而發展出來的。這些小牛一生下來馬上被帶離母親身邊，被關在小小的木製板條箱裏，牠們就這樣過完短暫的一生，直到二十個禮拜大時，就被宰殺了。小母牛也是一生下來馬上被帶離母親身邊，通常在頭幾個月被放在小板條箱裏養；等到大一點，就集中在場房。長到十五個月——那還是很幼小——就使牠們人工受孕；通常在兩歲大的時候，牠們就會開始生小牛，

獲得新生的放生山豬

然後牠們加入了生產牛奶周而復始的行列。做為乳牛，牠們每年都要受孕一次，以保持農場的利潤；而牠們也每年都要有小牛被帶離身邊的遭遇。這些乳牛被強迫去生產高程度的牛奶量，通常牠們的牛奶量比一般乳牛多了十倍。因此牠們在極大的壓力下，去生產那麼多牛奶；這種壓力，可能因牠們在乳汁分泌的豐富期又再度懷孕的事實，而更加糟糕。這些動物被高度壓榨，牠們的身體很快就累垮了；大約在加入生產之後的三到四年，牠們就被送入屠宰場。

在一個健康的環境裏，一頭小牛可以活二十年。這些乳牛累到連走都不能走了，牠們就被稱為「病倒的動物」。通常牠們被鍊著拖進卡車或者被推到堆高機上，然後送到屠宰場，製成人類的食品。但是即使牠們並未變成病倒的動物，那些被認為不再具有生產價值的乳牛，還是會被送到屠宰場去——有很多牛肉就是由累垮的乳牛製成的。所以在某方面說起來，這些乳牛其實比其他農場動物更慘；因為牠們先被壓榨幾年來生產牛奶，最終又變成了肉類食品。

不佔動物的便宜

我所說的大部份內容或許令人沮喪；但是能瞭解動物遭受到什麼樣的處境，而來決定並堅持我們的選擇，這是非常重要的。很多人成為素食者的原因，是因為認識這是很明顯一種殘害動物的暴力行為。我們警覺到奶製品工業攪進了暴力，這也是非常重要的。現在市面上已經愈來愈容易找到很好的牛奶替代品了，像豆奶、米漿和各類豆汁等等。所以我們都能有一個選擇的機會，來使整個世界為這些動物、為這個星球而有所改變——我們可以選擇不吃肉，也能選擇不喝牛奶，或者不去佔動物的便宜。

Notes: Mr. Gene Baur, President and Co-Founder of Farm Sanctuary.
編按：基因鮑爾先生，是農場保護區的總裁和合夥創辦人。

法界
佛教總會

美國「萬佛聖城」是西方佛教史上第一座大道場，它是宣化上人所成立的，乃西方佛教的發源地，所謂萬佛城，成萬佛，萬佛都來成。

而，萬佛聖城是「法界佛教總會」這把大傘蓋的總部。這把大傘，廣而言之是盡虛空、遍法界的；以我們這個世界來說，略而言之，就是所有宣化上人座下的道場、機構。

它
—— 以法界為體。
—— 以將佛教的真實義理，傳播到世界各地為目的。
—— 以翻譯經典、弘揚正法、提倡道德教育、
　　利樂一切有情為己任。

為此，上人立下家風：
凍死不攀緣，餓死不化緣，窮死不求緣，
隨緣不變，不變隨緣，
抱定我們三大宗旨：
捨命為佛事，造命為本事，正命為僧事。
即事明理，明理即事，推行祖師一脈心傳。

有 人 問：法界佛教總會自從一九五九年創立以來，它有多少道場？
　　　　—— 近 30 座，遍佈美、亞洲。
　　　　　其中僧眾本著上人所創的「六大條款」：不爭、不貪、不求、不自私、不自
　　　　　利、不妄語為依循；並恪遵佛制：日中一食、衣不離體。持戒念佛，習教
　　　　　參禪，和合共住地獻身佛教。

又有人問：它有多少機構？
　　　　—— 國際譯經學院、法界宗教研究院、僧伽居士訓練班、法界佛教大學、培德
　　　　　中學、育良小學等。

這傘蓋下的道場、機構，門戶開放，沒有人我、國籍、宗教的分別，凡是各國各教人
士，願致力於仁義道德、明心見性者，歡迎您前來修持，共同研習！

法界佛教總會及分支道場

法界佛教總會・萬佛聖城
Dharma Realm Buddhist Association &
The City of Ten Thousand Buddhas
4951 Bodhi Way, Ukiah, CA 95482 U.S.A.
Tel: (707) 462-0939　Fax: (707) 462-0949
http://www.drba.org

國際譯經學院
The International Translation Institute
1777 Murchison Drive,Burlingame,
CA 94010-4504 U.S.A.
Tel: (650) 692-5912　Fax: (650) 692-5056

法界宗教研究院（柏克萊寺）
Institute for World Religions(Berkeley Buddhist Monastery)
2304 McKinley Avenue, Berkeley, CA 94703 U.S.A.
Tel: (510) 848-3440　Fax: (510) 548-4551

金山聖寺　Gold Mountain Monastery
800 Sacramento Street, San Francisco, CA 94108 U.S.A.
Tel: (415) 421-6117　Fax: (415) 788-6001

金聖寺　Gold Sage Monastery
11455 Clayton Road, San Jose, CA 95127 U.S.A.
Tel: (408) 923-7243　Fax: (408) 923-1064

法界聖城　City of the Dharma Realm
1029 West Capitol Avenue
West Sacramento, CA 95691 U.S.A.
Tel: (916) 374-8268　Fax: (916) 374-8234

金岸法界 Gold Coast Dharma Realm
106 Bonogin Road, Mudgeeraba, Queensland 4213,
Australia　　Tel: (07) 5522-8788 Fax (07) 5522-7822

金輪聖寺 Gold Wheel Monastery
235 North Avenue 58
Los Angeles, CA 90042 U.S.A.
Tel: (323) 258-6668　Fax: (323) 258-3619

長堤聖寺 Long Beach Monastery
3361 East Ocean Boulevard
Long Beach, CA 90803 U.S.A.
Tel/Fax: (562) 438-8902

福祿壽聖寺
Blessings,Prosperity, and Longevity Monastery
4140 Long Beach Boulevard, Long Beach, CA 90807 USA
Tel/Fax: (562) 595-4966

華嚴精舍　Avatamsaka Vihara
9601 Seven Locks Road, Bethesda
MD 20817-9997 U.S.A.
Tel: (301) 469-8300

華嚴聖寺　Avatamsaka Monastery
1009 Fourth Avenue S.W.
Calgary, AB T2P 0K8 Canada
Tel/Fax: (403) 234-0644

金峰聖寺 Gold Summit Monastery
233 First Avenue,West,Seattle, WA 98119 U.S.A.
Tel: (206) 284-6690

金佛聖寺　Gold Buddha Monastery
248 E. 11th Avenue
Vancouver,B.C. V5T 2C3 Canada
Tel: (604) 709-0248　Fax: (604) 684-3754

法界佛教印經會 （美國法界佛教總會駐華辦事處）
Dharma Realm Buddhist Books Distribution Society
臺灣省臺北市忠孝東路六段 85 號 11 樓
11th Floor, 85 Chung-hsiao E. Road, Sec. 6, Taipei, Taiwan, R.O.C.
Tel: (02) 2786-3022, 2786-2474   Fax: (02) 2786-2674

法界聖寺 **Dharma Realm Sage Monastery**
臺灣省高雄市六龜區興龍村東溪山莊 20 號
20, Tong-hsi Shan-chuang, Hsing-lung Village,
Liu-Kuei, Kaohsiung County, Taiwan, R.O.C.
Tel: (07) 689-3713   Fax: (07) 689-3870

佛教講堂 **Buddhist Lecture Hall**
香港跑馬地黃泥涌道 31 號 11 樓
31 Wong Nei Chong Road Top Floor,
Happy Valley, Hong Kong, China
Tel: (2)2572-7644 Fax: (2)2572-2850

般若觀音聖寺（紫雲洞）
Prajna Guan Yin Sagely Monastery
Batu 5 1/2, Jalan Sungai Besi, Salak Selatan,
57100 Kuala Lumpur, West Malaysia
Tel: (03)7982-6560   Fax: (03) 7980-1272

蓮華精舍　Lotus Vihara
136, Jalan Sekolah, 45600 Batang Berjuntai, Selangor,
Malaysia   Tel: (03) 3271-9439

法緣聖寺 **Fa Yuan Sagely Monastery**
1, Jalan, Utama, Taman Serdang Raya,
43300 Seri Kembangan, Selangor, Malaysia
Tel: (03) 8948-5688

彌陀聖寺 **Amitabha Monastery**
臺灣省花蓮縣壽豐鄉池南村四健會 7 號
7, Su-chien-hui, Chih-nan Village, Shou-Feng,
Hualien County, Taiwan, R.O.C.
Tel: (03) 865-1956   Fax: (03) 865-3426

慈興禪寺 **Cixing Monastery**
香港大嶼山萬丈瀑
Lantou Island, Man Cheung Po
Hong Kong, China
Tel: (2)2985-5159

法界觀音聖寺（登彼岸）
Dharma Realm Guan Yin Sagely Monastery
161, Jalan Ampang, 50450 Kuala Lumpur, Malaysia
Tel: (03) 2164-8055   Fax: (03) 2163-7118

馬來西亞法界佛教總會檳城分會
Malaysia Dharma Realm Buddhist Association
Penang Branch
No. 32-32C, Jalan Tan Sri Teh Ewe Lim,
11600 Jelutong, Penang, Malaysia
Tel: (04)281-7728 Fax: (04)281-7798

觀音聖寺 **Guan Yin Sagely Monastery**
166A, Jalan Temiang, 70200 Seremban,
Negeri Sembilan, West Malaysia,
Tel/Fax : (06)761-1988

多國風味

法界食譜 5

-------------- 贈 書・歡迎隨喜助印 --------------

國家圖書館出版品預行編目資料

多國風味／法界食譜工作群作.——初版.
——臺北市：法總中文部, 2011.05
　　面；　　公分.——（法界食譜；5）
ISBN 978-986-7328-53-3（平裝）
1.素食食譜

427.31　　　　　　　　　　　100006123

作　者　法界食譜工作群
攝　影　王恩銘

發行人　法界佛教總會・佛經翻譯委員會・法界佛教大學
地　址　The City of Ten Thousand Buddhas（萬佛聖城）
　　　　4951 Bodhi Way, Ukiah, CA 95482 U.S.A.
　　　　Tel: (707) 462-0939　　Fax: (707) 462-0949

出　版　法界佛教總會中文出版部
地　址　台灣省台北市忠孝東路六段 85 號 11 樓
　　　　Tel: (02) 2786-3022　　Fax: 2786-2674

倡　印　法界佛教印經會（美國法界佛教總會駐華辦事處）
　　　　地址／電話：同上
　　　　歡迎您加入法界佛教印經會會員
　　　　◎加入辦法：每月 200 元，可半年繳或年繳
　　　　　　　　　　郵政劃撥/13217985
　　　　戶名:張淑彤 (請註明加入本會會員)

　　　　法界文教基金會
　　　　台灣省高雄市六龜區興龍村東溪山莊 20 號

出版日　西曆 2011 年 5 月 30 日・初版一刷
　　　　佛曆 3038 年 4 月 28 日・藥王菩薩聖誕日 恭印

www.drbachinese.org・www.drbataipei.org